La Crianza para esta Generación:
El arte de disciplinar con amor y visión

Mariangeli Morauske

Copyright © 2025 by Mariángeli Morauske.

Mariángeli Morauske, MD, MACP., MAPM., Ch., asserts the moral right to be identified as the author of this work.

Editada por Mariangeli Morauske

Diseño gráfico y composición: Mariangeli Morauske
Diseño de Portada: Mariangeli Morauske
Imagen de portada: Inteligencia Artificial. No basado en personas reales. Se utilizaron varios programas de IA para la gramática y la semántica para aclarar el contenido.

Impreso en los Estados Unidos de América. Todos los derechos reservados.

Pie de imprenta: Publicado de forma independiente.

Ninguna parte de este libro puede ser reproducida, almacenada en un sistema de recuperación o transmitida en cualquier forma o por cualquier medio, ya sea electrónico, mecánico, fotocopia, grabación, escaneo u otro, sin el permiso previo por escrito del autor, a excepción de las citas breves utilizadas en reseñas críticas o artículos. El permiso se puede solicitar poniéndose en contacto con el autor por correo electrónico a endtimessequence@aol.com.

A menos que se indique lo contrario, todos los textos fueron usados de la Santa Biblia - Reina-Valera 1960 ® © Sociedades Bíblicas en América Latina, 1960. Renovado © Sociedades Bíblicas Unidas, 1988. Utilizado con permiso.

Las citas de Elena G. de White son de la colección en línea de sus escritos disponible en _www.egwwritings.org_. Copyright © 2025 by the Ellen G. White Estate, Inc. Usado con permiso. Todos los derechos reservados.

ISBN: 979-8-89965-961-4 cobertura suave

Tabla de contenido

Dedicatoria 1
Mensaje para el Lector 3
PRÓLOGO 2

Primera Parte: El Despertar del Corazón Familiar 8
Capítulo 1: El Poder de un Hogar 12
Capítulo 2: Padres Conscientes, Hijos Felices 18
Capítulo 3: Disciplina que Forma, No que Rompe 26
Capítulo 4: Matrimonios Fuertes, Familias Sanas 30
Capítulo 5: La Rutina Puede Ser Bendición 44

Segunda Parte: Familias con Propósito y Esperanza 48
Capítulo 6: Hijos con Propósito, Padres con Misión 52
Capítulo 7: Cuando Todo Parece Perdido 60
Capítulo 8: La Familia, Idea Divina 66
Capítulo 9: El Gran Secreto: Amor y Determinación 78
Capítulo 10: Caminando con Dios en Familia 92

Capítulo 11: Acciones que Transforman 110
  ✵ 7 Retos para tu Familia (uno por día): 115
    📖 Lecturas recomendadas (en familia): 118

🙏 Oración para el hogar (puedes leerla en voz alta cada día): 121

📎 Devocional 123

🎯 Plan de Metas Familiares 126

💌 Carta para Padres Solteros 131

📝 Anexo 4: Carta a un Hijo Rebelde 132

📖 Compromiso Personal 133

Conoce al Autor 136
Mis Notas 138
Bibliografía 146

Dedicatoria

A mi familia, que ha sido mi primer hogar, mi escuela de amor y mi refugio en las tormentas. A ustedes, que con sus abrazos me enseñaron el poder de la unidad, con sus errores me mostraron el valor del perdón, y con su presencia me recordaron que el cielo empieza en casa.

Gracias por ser inspiración viva de cada palabra escrita en estas páginas.

Con todo mi amor, **Mariangeli**

Ser padres hoy: Un arte lleno de amor y visión

"La felicidad y la prosperidad del matrimonio dependen de la unidad que haya entre los esposos; pero entre el creyente y el incrédulo hay una diferencia radical de gustos, inclinaciones y propósitos"
(Mensajes para los Jóvenes, p. 327.2).

Ser padres hoy: Un arte lleno de amor y visión

Mensaje para el Lector

Este libro ha sido escrito con amor, propósito y un profundo deseo de ver florecer los hogares en medio de una sociedad que muchas veces olvida el valor de la familia. *La Crianza para esta Generación: El arte de disciplinar con amor y visión* no es solo una guía o un manual, sino una invitación a reflexionar, sanar y construir relaciones que reflejen el cielo en la tierra.

Te invito a leer cada capítulo con mente abierta y corazón dispuesto. No te apresures. Tómate el tiempo para meditar, subrayar, escribir tus pensamientos y, sobre todo, aplicar los principios que vayas descubriendo a tu vida familiar. Este libro está diseñado para ser leído individualmente, en pareja o incluso en grupos familiares o pequeños círculos de crecimiento.

Cada página fue escrita reconociendo que todos estamos en un camino de aprendizaje y transformación. Por eso, quiero compartir contigo este aviso importante:

Descarga de Responsabilidad

Errores y correcciones: Aunque me he esforzado por ofrecer contenido claro, veraz y cuidadosamente editado, puede que encuentres algunos errores. Si ese es el caso, te agradezco de antemano tu paciencia, pues dichos errores no afectan la esencia ni el valor del mensaje del libro. Si encuentras algo que deba ser corregido, por favor, envíame un correo electrónico a: endtimessequence@aol.com

Ser padres hoy: Un arte lleno de amor y visión

Estaré encantada de corregirlo en futuras ediciones y, con tu permiso, darte el crédito por tu valiosa contribución.

Interpretación progresiva: Ten presente que mi interpretación actual del contenido es progresiva. Estoy en constante crecimiento y apertura al entendimiento. Es posible que algunas ideas evolucionen a medida que adquiera más luz, experiencia o revelación. Este libro representa lo que hasta ahora he aprendido, vivido y comprendido, con honestidad y humildad.

Una comprensión cada vez mayor

Lo que leerás aquí es el fruto de mi comprensión actual, sincera y reflexiva, pero no definitiva. Mi interpretación de las verdades espirituales es progresista. Como cualquier estudiante de la vida y de la fe, estoy en constante crecimiento, siempre escuchando y abierto a recibir más luz. A medida que Dios me enseña a través de Su Palabra, a través de las personas y a través de la experiencia, algunas percepciones pueden profundizarse o cambiar. Este libro, por lo tanto, es una instantánea de dónde estoy ahora, agradecido por lo lejos que he llegado y consciente de que el viaje aún se está desarrollando.

Te invito a leer no solo con la mente, sino con el corazón. Reflexionar, luchar, cuestionar y aplicar. Este libro está destinado a hablar al alma, a agitar el espíritu y a construir algo hermoso en el espacio sagrado del hogar y la familia. Su lectura no es el final de este trabajo, sino parte de su propósito mismo.

Así que gracias. Gracias por estar aquí. Gracias por darles a estas páginas un lugar en tu vida. Y gracias por ser parte de

Ser padres hoy: Un arte lleno de amor y visión

algo que todavía está creciendo, que todavía está llegando, que todavía se está convirtiendo.

Bienvenidos a este viaje. Que sea tan vivificante para ti leer como lo fue para mí escribirlo. Espero que cada palabra en estas páginas te inspire a restaurar tu hogar con amor, propósito y fe.

Con cariño,

[firma]

Mariangeli Morauske

Familias que Aman, Hijos que Florecen:

Familias que Aman, Hijos que Florecen:

PRÓLOGO

La familia, ese núcleo donde se entrelazan sueños, retos y esperanzas, es mucho más que un grupo de personas que comparten un espacio. Es el reflejo del amor de Dios en nuestras vidas, la semilla donde se cultivan los valores que transforman generaciones. A lo largo de este libro, exploraremos cómo podemos reavivar la esencia del hogar, convertirlo en un lugar de propósito y esperanza, y caminar juntos bajo el diseño divino para nuestras relaciones.

En **"El Despertar del Corazón Familiar,"** aprenderemos que el hogar no es perfecto, pero sí un espacio restaurable. Es aquí donde el amor puede superar las diferencias, donde la fe puede fortalecer lo quebrantado, y donde la rutina puede convertirse en un altar de conexión con el Creador. Cada capítulo de esta primera sección nos invita a recordar que el verdadero poder de un hogar radica en su capacidad para ser un refugio de paz y en su papel como una fortaleza espiritual que impacta a cada uno de sus miembros.

- En **"El Poder de un Hogar,"** descubriremos cómo restaurar el sueño familiar que parece desgastado y aprenderemos a convertir las grietas en pilares de fortaleza.

- **"Padres Conscientes, Hijos Felices"** nos mostrará que la presencia emocional y espiritual de los padres es el regalo más grande que pueden ofrecer, creando un impacto eterno en el corazón de sus hijos.

- **"Disciplina que Forma, No que Rompe"** revelará cómo corregir con amor, enseñando principios sólidos mientras se construye carácter en lugar de quebrantarlo.

Familias que Aman, Hijos que Florecen:

- Con **"Matrimonios Fuertes, Familias Sanas,"** veremos cómo la relación entre los esposos moldea el mundo emocional y espiritual de sus hijos, convirtiéndose en el modelo de unidad y amor incondicional.

- Finalmente, **"La Rutina Puede Ser Bendición"** nos llevará a transformar las actividades cotidianas en momentos de conexión espiritual, enseñando que lo ordinario puede ser extraordinario cuando Dios está en el centro.

En la segunda parte, **"Familias con Propósito y Esperanza,"** nos sumergiremos en los aspectos profundos de la misión familiar y el diseño divino para el hogar. A través de estos capítulos, exploraremos cómo caminar en fe y amor, incluso en los momentos más difíciles. Aprenderemos que no importa cuánto se haya perdido, Dios siempre puede restaurarlo.

- **"Hijos con Propósito, Padres con Misión"** mostrará la importancia de criar con visión y propósito, ayudando a los hijos a descubrir que son más que obedientes; son diseñados con un llamado eterno.

- Con **"Cuando Todo Parece Perdido,"** seremos testigos de cómo los milagros reales y la restauración divina pueden suceder en medio del dolor más profundo.

- **"La Familia, Idea Divina"** nos recordará que el hogar no es un accidente, sino el diseño original de Dios, creado para reflejar su amor y gracia.

- En **"El Gran Secreto: Amor y Determinación"**, aprenderemos que el amor no es solo un sentimiento, sino una decisión consciente que fortalece, restaura y construye.

- Cerramos con **"Caminando con Dios en Familia,"** un llamado a integrar la espiritualidad en cada rincón de la vida diaria, permitiendo que Dios sea el centro de cada conversación, decisión y acción.

Cada página de este libro está escrita con la esperanza de que no solo puedas leer sobre transformación, sino vivirla. Porque, aunque los desafíos familiares puedan ser grandes, el amor y la gracia de Dios son mayores. Él es quien transforma el caos en orden, las heridas en sanidad y los hogares en testimonios vivos de su poder.

Este libro no es solo una guía; es una invitación a despertar el corazón de tu familia y a caminar juntos bajo la sombra del Omnipotente, como nos recuerda Su Palabra en Salmo 91:1: *"El que habita al abrigo del Altísimo Morará bajo la sombra del Omnipotente."*

Cuando el Amor Vuelve a Casa

"El hogar es el corazón de la sociedad. De la pureza del hogar depende la prosperidad de la iglesia y de la nación" (*Hogar Cristiano*, p. 11.1).

Nunca olvidaré aquel día.

Estábamos en una sala de consejería, el aire denso con una mezcla de angustia y resignación. Frente a mí, una pareja en sus cuarenta, desgastados no solo por el tiempo, sino por las batallas internas que no sabían cómo nombrar. Él tenía los

Familias que Aman, Hijos que Florecen:

ojos cansados, cargados de desilusión. Ella, el alma rota, su mirada perdida, como buscando algo que había dejado de creer que encontraría.

"No sabemos qué pasó," dijeron con voces apagadas. "Un día dejamos de reír. Otro día dejamos de hablarnos. Y sin darnos cuenta... ya no éramos una familia."

Mientras escuchaba sus palabras, algo dentro de mí se estremeció. No era solo su dolor lo que me tocaba, sino el eco de cientos, miles de historias similares. Historias de hogares que, sin una sola explosión, se convierten en ruinas silenciosas. Lugares donde el amor no muere del todo, pero queda relegado a un rincón olvidado, cubierto por el polvo de las rutinas, los malentendidos y el desgaste.

Hogares donde reina el silencio.

Padres que no se miran. Hijos que absorben el frío de un cariño retenido, esperando un momento que nunca llega. Disciplina envuelta en gritos, en lugar de amor. Y un afecto que se pospone indefinidamente porque el "tiempo" nunca alcanza.

Pero quiero que sepas algo: **el amor puede volver.**

Este libro nació de esa urgencia. No es una urgencia teórica o académica, sino una necesidad real: **la de volver a amar.** Amar más allá de los clichés, más allá de las palabras vacías y de las promesas no cumplidas. Hablo de un amor tangible. Un amor que se ve, que se siente, que se demuestra. Un amor que se vive todos los días, en los pequeños detalles, en las grandes decisiones, y en los momentos difíciles que todos enfrentamos.

Familias que Aman, Hijos que Florecen:

Porque el amor no se trata de la perfección. No necesitas una familia de revistas ni un matrimonio que encaje en estándares imposibles. Lo que necesitas es algo mucho más humano y poderoso: **una familia que no se rinde.**

En estas páginas, encontrarás mucho más que palabras. Quiero hablarte desde el corazón, como si estuviéramos tomando un café en tu sala, sin pretensiones ni máscaras. Quiero contarte historias reales, llenas de esperanza y cicatrices, porque la vida es así: imperfecta, pero maravillosa. Quiero ofrecerte principios eternos que no solo inspiran, sino que también funcionan. Y, sobre todo, quiero presentarte al verdadero autor del amor que no falla: **Dios.**

Dios no es solo un observador distante; Él es quien puede restaurar lo que tú crees perdido. Él es quien trae vida a lo que parecía muerto, quien da nuevas fuerzas a los que están cansados y quien llena de propósito incluso los momentos más ordinarios de la vida familiar.

Este libro no es una promesa de fórmulas mágicas ni de soluciones instantáneas. Es una invitación. Una travesía para redescubrir el poder de un hogar, el impacto de los padres conscientes, el milagro de una disciplina que construye, y la bendición de caminar en amor y fe, incluso en las rutinas diarias.

Así que, bienvenido. Bienvenido a esta historia donde el amor no solo sobrevive... **el amor vuelve a casa.**

Porque al final, no se trata de tener una familia perfecta. Se trata de luchar juntos, de creer, de volver a amar, una y otra vez. ¿Estás listo para empezar?

Con esperanza,

Familias que Aman, Hijos que Florecen:

El autor

Familias que Aman, Hijos que Florecen:

Primera Parte: El Despertar del Corazón Familiar

Familias que Aman, Hijos que Florecen:

Introducción

En el corazón del hogar se libra una batalla silenciosa entre lo cotidiano y lo eterno. Esta sección invita al lector a descubrir que, aunque la familia no es perfecta, sí es moldeable por la gracia, el amor y la intención espiritual. *"El Despertar del Corazón Familiar"* abre un camino hacia la restauración, no como meta lejana, sino como proceso íntimo que ocurre en las grietas de la rutina y los momentos sagrados compartidos.

Aquí aprenderemos que el hogar puede volver a ser lo que fue soñado — un refugio, una fortaleza espiritual, y un altar de comunión diaria. Desde las estructuras emocionales hasta las dinámicas de crianza y matrimonio, cada capítulo teje una visión práctica y esperanzadora:

- **El poder de un hogar** no está en su perfección, sino en su capacidad de renovar los sueños que parecían perdidos.

- **Padres conscientes** no solo guían; cultivan corazones que florecen con propósito y fe.

- La **disciplina amorosa** no rompe, edifica; formando carácter con firmeza y ternura.

- Los **matrimonios saludables** son el eje invisible que sostiene el ambiente espiritual de los hijos.

- Y aún en lo más simple, **la rutina diaria** puede convertirse en un acto devocional cuando Dios ocupa el centro.

Esta sección no busca ofrecer reglas, sino revelaciones. Es un llamado a volver al diseño original, donde la familia se convierte en tierra fértil para el crecimiento espiritual,

Familias que Aman, Hijos que Florecen:

emocional y relacional. Que cada página sea un espejo de lo que puede ser, y una guía hacia lo que, por gracia, ya está en proceso de ser.

Familias que Aman, Hijos que Florecen:

Familias que Aman, Hijos que Florecen:

Capítulo 1: El Poder de un Hogar

El Amor: El Fundamento Duradero que Construye Hogares

"El amor no es un impulso, sino un principio divino." Es un poder duradero" (*Mente, Carácter y Personalidad*, vol. 1, p.210.2).

Cuando éramos niños, soñábamos con un hogar donde el amor fuera el aire que respirábamos. No soñábamos con perfección, pero sí con esa clase de felicidad que solo puede nacer de un hogar donde el amor se vive a diario: una madre cuya sonrisa es un puerto seguro, un padre cuya voz transmite fuerza y ternura, y nosotros, creciendo entre abrazos, miradas comprensivas y palabras que nos afirmaban quiénes éramos.

Sin embargo, el tiempo y las realidades de la vida a menudo desdibujan esos sueños.

El hogar que soñamos se enfrenta a los desafíos diarios: familias que, aunque comparten un espacio, parecen más distantes que nunca. Padres que, aunque están físicamente presentes, no logran conectar emocionalmente. Hijos que buscan la validación en la corrección, pero no siempre encuentran cariño. Y ahí está esa rutina, una sombra silenciosa que poco a poco apaga las risas, los abrazos espontáneos y los "te amo" necesarios.

¿Dónde quedó el sueño del hogar que imaginaste?

Familias que Aman, Hijos que Florecen:

Lo más hermoso de todo esto es que, aunque las grietas sean profundas, el hogar puede ser restaurado. Sin importar cuántos años hayan pasado, cuántas palabras hayan herido o cuántas miradas se hayan esquivado, siempre hay esperanza. Cuando hay humildad, decisión y el amor de Dios como fundamento, todo puede renacer. Porque el amor, cuando es verdadero, no es solo un sentimiento pasajero; es un principio divino, un poder transformador y eterno.

El Hogar No Se Construye con Ladrillos

El hogar no está en el tamaño de la casa ni en lo costoso de sus muebles. El hogar está en el alma de quienes lo habitan. Se construye con tiempo de calidad, con intenciones claras y amor constante. Pero, ¿qué significa exactamente construir un hogar?

- **Con palabras que sanan y silencios que abrazan:** Hay momentos en los que una palabra amable tiene más poder que un largo discurso. O un silencio lleno de empatía puede reconfortar más que cualquier argumento. Las palabras no deben ser lanzas, sino puentes. ¿Qué palabras usas tú en tu hogar?

- **Con límites firmes y afectos constantes:** Los límites no son enemigos del amor; son la protección que necesitamos para crecer en libertad. Pero estos límites deben venir acompañados de amor visible y palpable. No basta con corregir; hay que guiar. ¿Cómo muestras que tus límites nacen del cuidado y no del control?

Familias que Aman, Hijos que Florecen:

- **Con disciplina que no humilla y ternura que no malcría:** La disciplina nunca debe quebrantar; debe formar. Así como un jardinero poda una planta para que crezca más fuerte, la corrección debe ser un acto de amor, no de frustración. La ternura, por otro lado, edifica corazones seguros, pero debe equilibrarse con la firmeza que enseña.

El verdadero hogar se convierte en un refugio cuando equilibramos estos elementos. Pero... ¿Estamos construyendo un hogar o simplemente conviviendo bajo el mismo techo?

La Rutina como Oportunidad de Conexión

La rutina, tan temida, puede ser la mejor amiga del hogar. Mientras algunos la ven como una amenaza al amor, otros la transforman en un altar donde los momentos cotidianos se convierten en oportunidades para conectar.

- **Transforma las comidas en encuentros:** Cada cena puede ser un espacio sagrado para hablar, compartir risas, escuchar sueños y sanar diferencias. Apaga las pantallas, enciende las miradas y dedica ese tiempo a construir vínculos.

- **Haz de las despedidas y los saludos algo especial:** Un beso en la frente antes de salir o un abrazo cálido al llegar son recordatorios de que el amor está siempre presente.

- **Celebra las pequeñas cosas:** Desde el logro más sencillo hasta los actos cotidianos de esfuerzo.

Familias que Aman, Hijos que Florecen:

Detrás de cada rutina hay un milagro esperando ser reconocido.

¿Cómo transformas tú las rutinas en actos de amor?

¿Y si lo Intentamos Diferente?

Quiero invitarte a imaginar algo diferente. Imagina un hogar donde la oración sea una práctica compartida, donde Dios sea el centro y donde cada día empiece con gratitud y termine con paz. Imagina un lugar donde mamá y papá no solo exigen, sino que también modelan las virtudes que quieren ver en sus hijos. Imagina una familia que se dice "te amo" en los momentos felices... pero también en los difíciles.

No necesitas mucho para lograrlo. No hace falta una casa lujosa, un ingreso elevado o relaciones perfectas. Solo necesitas disposición.

- **Disposición para cambiar tu primero.** A menudo esperamos que los demás tomen la iniciativa, pero el cambio comienza en nosotros. ¿Qué puedes empezar a hacer hoy para dar el ejemplo?

- **Disposición para perdonar primero.** El perdón no siempre es fácil, pero es el camino hacia la libertad y la sanidad emocional. ¿Qué heridas necesitas entregar a Dios para empezar a sanar?

- **Disposición para rendirte ante Dios.** Él es el restaurador por excelencia. Lo que nosotros no

Familias que Aman, Hijos que Florecen:

podemos reparar, Él lo hace nuevo. ¿Estás dispuesto a dejar que Él sea el arquitecto de tu hogar?

Nunca Es Tarde para Volver a Empezar

Si estás leyendo esto, es porque hay algo en ti que aún cree. Y déjame decirte, eso es suficiente. No importa cuán lejos sientas que estás de construir el hogar que una vez soñaste, nunca es tarde. El amor, cuando está arraigado en Dios, tiene el poder de restaurar incluso las relaciones más fracturadas.

Este capítulo es mucho más que palabras. Es una invitación personal, un llamado a actuar, a mirar tu hogar con nuevos ojos y a decidir reconstruir lo que se ha perdido. La pregunta no es si puedes hacerlo; la pregunta es: **¿estás dispuesto a intentarlo?**

Porque al final del día, el hogar no se trata de perfección. Se trata de perseverancia. De no rendirse. De creer que el amor puede volver a casa.

Preguntas Reflexivas para el Viaje

1. ¿Qué aspectos de mi hogar necesitan más amor y atención?
2. ¿Cómo puedo empezar a amar primero, sin esperar a que otros cambien?
3. ¿Qué palabras o acciones puedo transformar hoy para edificar y no destruir?

Familias que Aman, Hijos que Florecen:

4. ¿Estoy dispuesto a rendir mis fuerzas y entregar mi hogar a Dios?

El amor no es solo una emoción; es una decisión diaria. Y la decisión de amar, a pesar de los retos, es lo que convierte a una familia en una fortaleza. ¿Qué decisión tomarás hoy?

Familias que Aman, Hijos que Florecen:

Capítulo 2: Padres Conscientes, Hijos Felices

"Los padres contribuyen a echar los fundamentos de los hábitos y del carácter... Por su ejemplo y su enseñanza, deciden la suerte de sus familias. Los hijos serán lo que sus padres los hagan" (*Ministerio de Curación*, p. 93.3).

La paternidad es un llamado poderoso, lleno de momentos de gozo, sacrificio y, a menudo, incertidumbre. Desde el momento en que sostenemos a un hijo por primera vez, nos damos cuenta de que se nos confía un alma, un corazón y un destino que moldearemos con nuestras palabras, nuestras acciones y nuestras decisiones.

Cuando nació mi primer hijo, como muchos padres, pensé que estaba preparado. Había estudiado libros, escuchado consejos y asumido que el instinto llenaría cualquier vacío. Sin embargo, ningún manual puede prepararte para ese instante en que la mirada de un niño —asustado o desconcertado por una palabra o gesto nuestro— te obliga a reflexionar profundamente sobre tu papel. Ese momento me enseñó algo que transformó mi enfoque como padre: **no basta con amar; hay que amar conscientemente.**

¿Qué Significa Ser un Padre Consciente?

Un padre consciente no solo se dedica a cuidar de las necesidades físicas de sus hijos; es alguien que toma cada interacción como una oportunidad para enseñar, edificar y moldear. Se trata de estar presente, no solo en cuerpo, sino

Familias que Aman, Hijos que Florecen:

también en mente y corazón. Es un compromiso activo, intencional y reflexivo.

Ser un padre consciente implica:

- **Autoevaluación constante:** Observar nuestros propios pensamientos, palabras y reacciones. ¿Actuamos desde el amor o desde la frustración?

- **Reconocer errores:** Pedir perdón cuando nos equivocamos no nos debilita; nos hace humanos y enseña a nuestros hijos que equivocarse es parte de la vida, pero también lo es corregir y aprender.

- **Criar con propósito:** Tener en mente que no estamos criando niños; estamos formando adultos. Cada palabra que pronunciamos y cada ejemplo que damos están moldeando las decisiones, creencias y valores que llevarán consigo en el futuro.

Ejemplo práctico: Crear espacios de diálogo intencional
Dedica 10 minutos al día para sentarte con tu hijo y hablar. Haz preguntas abiertas como:

- ¿Cómo estuvo tu día?
- ¿Qué fue lo mejor que te pasó hoy?
- ¿Hay algo que te preocupe o que quieras contarme?

Este tiempo no solo refuerza su confianza, sino que también establece una dinámica de apertura emocional en la que sabe que siempre puede recurrir a ti.

Familias que Aman, Hijos que Florecen:

Disciplina con Amor: El Equilibrio que Construye

Una de las mayores inquietudes de los padres es cómo disciplinar sin dañar emocionalmente. Muchas veces la disciplina se asocia con castigos, gritos o rigidez, pero la verdadera disciplina no se trata de castigar, sino de formar.

Disciplina sin amor es abuso.

Cuando corregimos desde la frustración o el enojo, no estamos guiando; estamos reaccionando impulsivamente. Esto genera miedo y resentimiento en lugar de respeto.

El amor sin disciplina es permisividad.

Por el contrario, un hogar sin límites claros deja a los niños inseguros y desorientados. Los límites enseñan responsabilidad, autocontrol y respeto hacia los demás.

El punto medio: disciplina con amor y propósito.

- Antes de corregir, explícale a tu hijo por qué su acción fue incorrecta.
- Utiliza consecuencias naturales. Por ejemplo, si rompió un juguete por descuido, el aprendizaje puede ser trabajar para repararlo en lugar de recibir un nuevo juguete inmediatamente.
- Refuerza el comportamiento positivo. Reconoce y celebra sus buenas decisiones, incluso las pequeñas.

Herramienta práctica: Regla de las tres preguntas Antes de disciplinar, pregúntate:

1. ¿Estoy actuando desde el amor o desde el enojo?

Familias que Aman, Hijos que Florecen:

2. ¿Estoy corrigiendo para enseñar o para imponer control?
3. ¿Entenderá mi hijo el "por qué" detrás de la corrección?

El Espejo Emocional: Lo Que Reflejamos, Ellos Absorben

Los niños son un reflejo de lo que ven y experimentan. Son como pequeñas esponjas que absorben nuestras palabras, actitudes y maneras de manejar la vida. Si nosotros gritamos, ellos gritarán. Si mentimos, aprenderán que la verdad es relativa. Si no sabemos manejar nuestras emociones, ellos tampoco aprenderán a manejar las suyas.

Ejemplo:
Imagina que estás manejando y alguien te cierra el paso. Si reaccionas con enojo extremo y palabras hirientes, tu hijo aprende que esa es la forma de lidiar con la frustración. Por el contrario, si eliges responder con calma o simplemente dejarlo pasar, le estás enseñando que el autocontrol es más valioso que el desahogo impulsivo.

Tu hogar debe convertirse en un laboratorio donde tu hijo aprenda a manejar sus emociones observando cómo manejas las tuyas. ¿Cómo enfrentas los conflictos? ¿Pides perdón cuando te equivocas? ¿Demuestras gratitud por las cosas pequeñas? Recuerda que, para tus hijos, tú eres su primera idea de lo que es un adulto… e incluso su primera idea de cómo es Dios.

Familias que Aman, Hijos que Florecen:

Pequeños Actos que Transforman Vidas

A menudo creemos que para conectar con nuestros hijos necesitamos grandes gestos: viajes, regalos caros o eventos memorables. Pero lo que realmente marca la diferencia son los pequeños actos diarios de amor.

Algunas ideas prácticas:

- **Notas de amor:** Deja una nota breve en su mochila o en su lugar del desayuno con palabras de afirmación.

- **Rituales diarios:** Crea un hábito especial, como contar historias antes de dormir o dar gracias, juntos antes de comer.

- **Elogios inesperados:** Cuando haga algo bien, dilo en voz alta: "Me encanta cómo ayudaste a tu hermana hoy. Estoy muy orgulloso de ti."

Herramienta práctica: Diario de gratitud familiar Cada noche, dedica unos minutos para que cada miembro de la familia comparta algo, por lo cual está agradecido ese día. Esto no solo fomenta el agradecimiento, sino que también crea un espacio de conexión y reflexión.

¿Y si ya me equivoqué?

Ningún padre es perfecto. Todos cometemos errores. A veces levantamos la voz, reaccionamos exageradamente o nos desconectamos cuando más nos necesitan. Pero el hecho de que hayamos fallado no significa que sea demasiado tarde para reparar.

Lo importante no es evitar los errores, sino aprender de ellos y restaurar la relación.

- **Pide perdón:** Decir "me equivoqué, lo siento" no disminuye tu autoridad; fortalece tu vínculo con tu hijo.

- **Repara con acciones:** Si lastimaste a tu hijo con palabras o acciones, busca formas de demostrarle cuánto lo amas.

- **Sé consistente:** El cambio no ocurre de un día para otro, pero la consistencia en tu esfuerzo le mostrará a tu hijo que estás comprometido a mejorar.

Un Legado de Amor y Consciencia

Ser un padre consciente no es fácil, pero es profundamente transformador. Se requiere intención, reflexión y, muchas veces, sanidad propia. Pero cada palabra amorosa, cada límite bien colocado y cada momento de conexión construyen un legado que trasciende generaciones.

Al final del día, no se trata de ser perfectos, sino de estar presentes. Nuestros hijos no necesitan padres infalibles; necesitan padres que estén dispuestos a intentarlo, a fallar, a aprender y a volver a intentarlo. Porque lo que sembramos hoy en sus corazones será lo que cosechen como adultos: confianza, amor, respeto y fe.

Familias que Aman, Hijos que Florecen:

Estas herramientas y reflexiones están diseñadas para acompañarte en este viaje, sabiendo que, aunque el camino sea desafiante, el resultado será un hogar lleno de amor, respeto y esperanza.

Familias que Aman, Hijos que Florecen:

> "Él, respondiendo, les dijo: ¿No habéis leído que el que los hizo al principio, varón y hembra los hizo, y dijo: Por esto el hombre dejará padre y madre, y se unirá a su mujer, y los dos serán una sola carne? Así que no son ya más dos, sino una sola carne; por tanto, lo que Dios juntó, no lo separe el hombre."
> Mateo 19:4-6

Familias que Aman, Hijos que Florecen:

Capítulo 3: Disciplina que Forma, No que Rompe

"Corrige a tu hijo mientras haya esperanza, pero no se exceda tu alma para destruirlo." —

Proverbios 19:18, (RVA-2015)

"El dominio propio, la paciencia, la dulzura y el amor deben entretejerse en toda la disciplina." — *Elena G. de White*

Disciplina.

Una palabra que, para muchos, huele a gritos, castigos, y castigos aún más severos. A reglas sin explicación. ¡A lágrimas sin consuelo!

Pero la disciplina... no es eso.

Disciplina, en su esencia, significa "formar discípulos". Es enseñar. Es guiar. Es corregir con amor. No es doblegar la voluntad... sino moldear el carácter.

Y si lo pensamos bien, la disciplina correcta es un acto profundo de amor.

¿Por qué disciplinamos?

No para desahogarnos. No para vengarnos por la desobediencia. No para imponer nuestro poder.

Disciplinamos para formar personas responsables, seguras, con dominio propio y respeto por los demás. Disciplinamos

Familias que Aman, Hijos que Florecen:

porque creemos que nuestros hijos tienen un potencial enorme... y queremos ayudarlos a alcanzarlo.

Tipos de disciplina (y sus efectos)

1. **La disciplina autoritaria**

   Basada en el miedo. "Porque yo lo digo." Gritos, castigos desmedidos, amenazas.

   Resultado: hijos obedientes por miedo, pero inseguros, resentidos o rebeldes en el fondo.

2. **La disciplina permisiva**

   Nada se corrige. Todo se permite. "Es que está pequeño", "ya se le pasará".

   Resultado: hijos inseguros, con límites difusos, que no saben autorregularse.

3. **La disciplina consciente (o formativa),** Firmeza con ternura. Límite con explicación. Corrección con amor.

   Resultado: hijos respetuosos, seguros, conectados emocionalmente con sus padres.

"La verdadera disciplina es la que enseña sin quebrantar."
— *El Hogar Cristiano*

El momento del "No"

Familias que Aman, Hijos que Florecen:

Decir "no" es uno de los actos más amorosos que puede hacer un padre. Pero no cualquier "no". Un "no" explicado. Un "no" que va acompañado de una mirada firme, pero no violenta. Un "no" que luego se convierte en un "sí" a mejores valores: responsabilidad, respeto, autocontrol.

No estamos criando niños que siempre estarán bajo nuestra supervisión. Estamos formando adultos que sabrán decirse "no" a sí mismos cuando nadie los esté viendo.

Castigo vs. Consecuencia

- El **castigo** humilla. **Ejemplo:** "¡Vete a tu cuarto y no quiero verte!"

    Resultado: culpa, resentimiento, desconexión.

- La **consecuencia** enseña. **Ejemplo:** "Como no cumpliste tu responsabilidad con tus tareas, hoy no habrá videojuegos."

    Resultado: aprendizaje, autorregulación, vínculo sano.

La diferencia es sutil, pero crucial: el castigo reacciona desde la emoción; la consecuencia actúa desde la intención.

Frases que forman (en vez de romper)

- "Te amo demasiado como para dejar que sigas actuando así."
- "Te entiendo, pero eso no lo puedes hacer."
- "Estoy enojado, pero eso no cambia cuánto te amo."

Familias que Aman, Hijos que Florecen:

- "Tu comportamiento tiene consecuencias, y estoy aquí para ayudarte a aprender."

Una disciplina que conecta

Antes de disciplinar, **conecta**. Baja a su altura. Míralo a los ojos. Hazle saber que lo amas. Porque un corazón que se siente seguro... está mucho más dispuesto a escuchar y cambiar.

Recuerda esto: la disciplina no tiene que ser gritada para ser efectiva. Una voz baja, con firmeza y amor, puede tener más poder que mil gritos.

Disciplina sin oración es incompleta

Criar hijos sin Dios es como navegar sin brújula. Cada día trae desafíos nuevos. Cada hijo es un mundo diferente. Por eso, antes de hablar con tus hijos, habla con Dios.

Pídele sabiduría. Pídele paciencia. Pídele que te muestre cómo ver a tu hijo no como un problema, sino como un proyecto divino en formación.

Familias que Aman, Hijos que Florecen:

Capítulo 4: Matrimonios Fuertes, Familias Sanas

Matrimonios Fuertes, Familias Sanas

"Cuando el hogar se funda en el amor mutuo, cuando reina el respeto y la ternura, la familia se convierte en un cielo en la tierra." — Elena G. de White

Hace algún tiempo, leí las palabras de un niño de ocho años que escribía en su pequeño diario:

"Cuando mis papás pelean, me duele la panza. Quisiera meterme debajo de la cama y quedarme allí hasta que vuelvan a amarse."

Esas palabras se quedaron grabadas en mi corazón. No solo por la inocencia y vulnerabilidad con que las expresó, sino porque sé que no es una excepción. Millones de niños viven el eco de los desacuerdos de sus padres. Muchos no lo expresan, pero lo sienten: en su cuerpo, en su ánimo y en su corazón. Y aunque algunos matrimonios no terminan legalmente, emocionalmente se derrumban, dejando tras de sí grietas que se expanden hacia sus hijos.

Cuidar el matrimonio no es un lujo, ni algo que deba posponerse hasta que "haya tiempo." Es una necesidad urgente. Porque en la base de todo hogar fuerte, saludable y lleno de propósito, está un matrimonio que se elige, día tras día.

El Matrimonio: Termómetro Emocional del Hogar

Familias que Aman, Hijos que Florecen:

Un matrimonio saludable no solo beneficia a los cónyuges; es el eje emocional del hogar. Los hijos perciben y absorben la atmósfera que reina entre mamá y papá.

- **Cuando se miran con respeto, los hijos aprenden seguridad.**
- **Cuando se abrazan, los niños respiran paz.**
- **Cuando se escuchan sin gritar, los pequeños aprenden a dialogar.**
- **Y cuando oran juntos, el cielo toca el suelo del hogar.**

Los conflictos no son el problema. Todas las parejas los tienen. Lo que realmente importa es cómo se resuelven. Nuestros hijos no necesitan padres que nunca discutan; necesitan padres que demuestren que es posible reconciliarse con amor y humildad. Cuando ellos ven que la unidad siempre triunfa sobre la discordia, aprenden a construir relaciones fuertes y resilientes en su propia vida.

Ejemplo práctico: **Reconciliarse a la vista de los hijos** Si el desacuerdo fue delante de los niños, también la reconciliación debe serlo. Decir algo como, "Papá y yo estábamos en desacuerdo, pero hablamos y encontramos una solución," les enseña que los conflictos pueden resolverse de manera respetuosa.

¿Cómo Se Rompe un Matrimonio?

Familias que Aman, Hijos que Florecen:

Un matrimonio rara vez se quiebra por una sola pelea o por un evento específico. En la mayoría de los casos, los matrimonios se erosionan lentamente, a través de hábitos diarios que descuidan el vínculo.

- **Días sin hablarnos.** El silencio, lejos de ser un respiro, se convierte en un abismo que separa.
- **Semanas sin tocarnos.** La ausencia de contacto físico no solo enfría el cuerpo; enfría el alma.
- **Meses sin admirarnos.** El amor necesita reconocimiento, palabras de aprecio y gestos que recuerden lo valioso que es el otro.
- **Años sin escucharnos.** Hablar sin ser escuchado hace que el corazón se cierre.

La desconexión no suele ser falta de amor, sino falta de intención. Pero mientras el matrimonio se tambalea, los hijos lo sienten profundamente. Pueden no decirlo, pero lo reflejan en su comportamiento, en su rendimiento académico, en su salud emocional. Es una fractura que cargan en su cuerpo y llevan consigo hasta la adultez.

Restaurar Antes que Renunciar

Quizás sientes que tu relación está en un punto crítico. Que el amor que alguna vez floreció ahora no es más que un recuerdo distante. Que tu pareja no cambia, que todo se ha convertido en rutina y cansancio. Pero déjame decirte algo importante: **no todo lo que está roto debe desecharse. Algunas cosas valen la pena ser restauradas.**

Familias que Aman, Hijos que Florecen:

Elena G. de White lo expresó con sabiduría: "El amor verdadero no es un impulso, sino un principio permanente. Es una decisión diaria de cuidar, perdonar, servir y volver a elegir."

El amor en el matrimonio no siempre es una emoción ardiente; a menudo, es una elección consciente. Es decidir invertir tiempo en lo que parece perdido, dar pasos pequeños hacia la restauración y buscar la guía divina cuando nuestras fuerzas ya no alcanzan.

Ejemplo práctico: **Un "reto de 7 días de gratitud en pareja"**

- Día 1: Envía un mensaje o deja una nota agradeciendo algo específico que tu pareja hace por ti.
- Día 2: Dedica cinco minutos a hablar de un recuerdo feliz de su relación.
- Día 3: Compartan juntos un café o una comida sin distracciones tecnológicas.
- Día 4: Haz algo inesperado por tu pareja, como una tarea que usualmente no haces.
- Día 5: Ora por tu pareja y házselo saber.
- Día 6: Escribe tres cosas que admiras de tu pareja y díselo.
- Día 7: Comprométanse a seguir trabajando juntos, recordando que no están solos: Dios está en el centro.

Caminos para la Restauración

Familias que Aman, Hijos que Florecen:

1. Comunicación Transparente:

Hablen con honestidad, pero con amor. Expresen lo que sienten sin culpar. Por ejemplo, en lugar de "Tú nunca me escuchas," prueba con: "Me siento ignorado cuando no prestamos atención a nuestras conversaciones."

2. Busca Ayuda Profesional o Espiritual:

A veces, el matrimonio necesita una perspectiva externa. Consejeros, mentores espirituales o pastores pueden ofrecer herramientas valiosas para resolver conflictos y reconectar.

3. Reconoce Tus Propias Fallas:

Antes de señalar lo que tu pareja está haciendo mal, reflexiona sobre tus propias áreas de mejora. El cambio comienza desde adentro.

4. Reaviva el Romance:

El amor no sobrevive por inercia; necesita ser alimentado. Planifica pequeñas citas, escribe cartas, sorprende a tu pareja con un detalle. No subestimes el poder de los gestos simples.

Hijos que Florecen en Matrimonios Fuertes

Cuando los padres trabajan en su matrimonio, no solo se benefician ellos; los hijos también cosechan los frutos. Crecen en un ambiente de amor y seguridad, desarrollan herramientas emocionales para sus propias relaciones y aprenden a valorar los compromisos.

Familias que Aman, Hijos que Florecen:

Ejemplo práctico: **Momentos de unidad familiar.** Dediquen tiempo regularmente a actividades en familia, como juegos de mesa, caminatas o noches de películas. Estas experiencias no solo fortalecen el matrimonio al trabajar en equipo, sino que también refuerzan los lazos con los hijos.

Construyendo un Cielo en la Tierra

Un matrimonio fuerte no se construye en días perfectos; se edifica en los días difíciles, en los momentos de reconciliación, en las oraciones conjuntas, en el compromiso de elegir el amor una y otra vez. No importa cuán fracturada parezca la relación, con intención, humildad y la gracia de Dios, lo roto puede ser restaurado y lo apagado puede volver a encenderse.

Como dice Elena G. de White, "Cuando el hogar se funda en el amor mutuo, cuando reina el respeto y la ternura, la familia se convierte en un cielo en la tierra." Ese cielo no está fuera de tu alcance. Está al alcance de tus decisiones diarias.

El amor no es simplemente sentir; es actuar, es perdonar y es decidir. Y esas decisiones, tomadas a diario, no solo salvarán tu matrimonio, sino también el corazón y el futuro de tus hijos.

Estas herramientas y reflexiones están aquí para acompañarte en el camino. Porque el trabajo en el matrimonio no es solo para los cónyuges, es para toda la familia. Con amor, fe y esfuerzo, tu hogar puede convertirse en el cielo que Dios siempre quiso para ti.

Familias que Aman, Hijos que Florecen:

Claves para un Matrimonio Fuerte y Real

Un matrimonio no es un cuento de hadas. Es una travesía llena de momentos hermosos, desafíos inevitables y decisiones diarias para construir algo duradero. Aunque no existe una fórmula mágica para un matrimonio perfecto, existen principios que pueden ayudar a que cada relación sea más sólida, genuina y capaz de resistir los embates del tiempo.

1. Conversa Todos los Días, Aunque Sean Cinco Minutos Sin Distracciones

La comunicación es el corazón del matrimonio. No es suficiente hablar sobre la lista de tareas o las preocupaciones financieras; hay que hablar de lo que realmente importa: cómo se sienten, qué los está alegrando o preocupando, y qué necesitan el uno del otro. Este tipo de conversación genera confianza, intimidad y conexión emocional.

Ejemplo práctico:

- Dedica cinco minutos al día para hablar sin interrupciones ni distracciones. Establece una "zona libre de tecnología" durante ese tiempo. Haz preguntas como: ¿Cómo te hizo sentir este día?
- ¿Hubo algo que te molestara, que no hablamos?
- ¿Qué puedo hacer mañana para apoyarte mejor?

Herramienta práctica: **Agenda de cinco minutos** Coloquen este tiempo en su rutina diaria, como una cita fija.

Familias que Aman, Hijos que Florecen:

Si hacerlo cara a cara es complicado, un mensaje o llamada breve también puede ser muy valioso.

2. Ora con Tu Pareja, Aunque Sea Incómodo al Principio

La oración en pareja tiene un poder especial. Cuando dos personas se toman de la mano y hablan con Dios, se abre un espacio de vulnerabilidad y unión que trasciende los conflictos cotidianos. Es un recordatorio constante de que, aunque sean imperfectos, están buscando juntos la guía divina para sus vidas.

Ejemplo práctico:

- Comiencen con oraciones breves. Agradezcan algo específico de ese día y pidan por algo en particular.
- Si no saben cómo empezar, reciten juntos un Salmo, como Salmo 23:1-2: "Jehová es mi pastor; nada me faltará. En lugares de delicados pastos me hará descansar."

Herramienta práctica: **Reto de 7 días de oración en pareja** Por una semana, comprométanse a orar juntos cada noche antes de dormir. Agradezcan por sus bendiciones y oren por los desafíos que enfrentan como matrimonio. Si uno de los dos aún no se siente cómodo, basta con que estén presentes y escuchen.

3. Tóquense. Abrácense. Bésense.

Familias que Aman, Hijos que Florecen:

El cuerpo guarda memoria emocional, y el contacto físico tiene un poder curativo. Abrazar a tu pareja, tomar su mano o simplemente estar cerca puede sanar heridas invisibles y recordarles que están conectados no solo emocionalmente, sino también físicamente.

Ejemplo práctico:

- Saluden y despidan con abrazos y besos cada día. Estos gestos marcan el inicio y cierre de las rutinas diarias con amor.

- Dediquen algunos minutos al contacto físico, como masajes relajantes o simplemente compartir tiempo cerca mientras ven una película.

Herramienta práctica: **Ritual de contacto físico diario** Por ejemplo, cada noche antes de dormir, háganse una caricia en la mano o en el rostro como símbolo de conexión. Estos pequeños gestos refuerzan el vínculo y la confianza.

4. Elogia lo Bueno Antes de Criticar lo Malo

Las palabras tienen poder. Una palabra de afirmación puede abrir puertas que ningún reclamo podrá forzar. Los elogios sinceros no solo fortalecen la autoestima de tu pareja, sino que también crean un ambiente en el que ambos sienten que son valorados.

Ejemplo práctico:

- Antes de mencionar algo que te moleste, reconoce algo que tu pareja hace bien. Por ejemplo: "Aprecio mucho cómo cuidas de los niños, aunque me

Familias que Aman, Hijos que Florecen:

gustaría que hablemos sobre cómo manejamos el tiempo juntos."

- Haz del elogio una práctica regular, no solo algo que surge en momentos específicos.

Herramienta práctica: **Lista de gratitud con tu pareja** Cada semana, escriban juntos tres cosas que admiren del otro. Compártanlas en un espacio tranquilo y con intención.

5. No Pongas a los Hijos Entre Ustedes

Tus hijos merecen ver qué mamá y papá son un equipo. Aunque ser padres es una gran parte de la relación, nunca debe sustituir ni eclipsar la conexión como pareja. Los hijos no son mediadores ni deben ser usados como barrera en los conflictos. El mejor regalo que puedes darles es amar profundamente a su otro progenitor.

Ejemplo práctico:

- Hablen sobre cómo quieren modelar la relación para sus hijos. Reflexionen juntos sobre lo que quieren que ellos aprendan viendo su matrimonio.

- Dediquen tiempo como pareja, sin incluir siempre a los niños. Las citas nocturnas o escapadas simples refuerzan la intimidad y mantienen el vínculo.

Herramienta práctica: **Citas regulares sin niños.** Establezcan un día cada dos semanas para salir juntos sin interrupciones, ya sea para cenar, caminar en el parque o simplemente sentarse a conversar en casa.

Familias que Aman, Hijos que Florecen:

Cuando Solo Uno Quiere Salvar el Matrimonio

El dolor de sentir que el interés por salvar el matrimonio es unilateral puede ser aplastante. Pero incluso en esas circunstancias, uno solo puede marcar la diferencia. Un corazón decidido y lleno de fe tiene el poder de inspirar cambios en una relación que parece perdida.

Ejemplo práctico:

- Ora por tu matrimonio, incluso si tu pareja no está lista para participar. Entrega tus preocupaciones a Dios y confía en Su guía.

- Modela el amor y el respeto que deseas recibir. Esto no significa tolerar el maltrato ni la falta de comunicación, sino vivir desde un lugar de intención y compromiso.

Herramienta práctica: **Carta para reflexionar** Escribe una carta a tu pareja expresando tus deseos para el matrimonio. No como reproche, sino como un llamado amoroso. Hazlo con palabras de afirmación y esperanza, resaltando lo que todavía valoras de la relación.

Hijos que Florecen en Matrimonios que Sanan

No necesitas un matrimonio perfecto para criar hijos emocionalmente sanos, pero sí necesitas un hogar donde el amor se practique de manera intencional. Los niños aprenden más de lo que ven que de lo que escuchan. Si ven que sus padres se esfuerzan por trabajar en su relación,

Familias que Aman, Hijos que Florecen:

entienden que el amor y el compromiso no se rinden ante los desafíos.

Ejemplo práctico:

- Sean sinceros con sus hijos sobre el esfuerzo que requiere mantener un matrimonio sano. Explíquenles que el amor necesita trabajo, pero que vale la pena.

- Inviten a los hijos a participar en actividades que fortalezcan los lazos familiares, como reuniones de oración en familia, juegos colaborativos o momentos de gratitud compartida.

Herramienta práctica: **Reunión familiar semanal** Cada semana, dediquen tiempo a estar juntos como familia. Este puede ser un espacio para compartir reflexiones, resolver conflictos de manera constructiva y fortalecer la unidad.

La Decisión de Amar Cada Día

Un matrimonio fuerte y real no se construye de un día para otro. Requiere compromiso, trabajo y la disposición de ambos, o incluso de uno solo, para sembrar amor, respeto y fe en el vínculo. No es perfecto, pero es profundamente significativo. Los hijos no necesitan padres infalibles; necesitan padres que luchan por preservar el amor en su relación.

Familias que Aman, Hijos que Florecen:

Cada decisión de dialogar, abrazar, orar y restaurar es un paso hacia un hogar que refleja el diseño divino: un lugar donde el amor y el respeto crean un cielo en la tierra.

Recuerda, el amor no es solo un sentimiento; es una acción diaria que transforma y sana. Cada día es una oportunidad para fortalecer el matrimonio y dejar un legado de amor y esperanza para tus hijos.

Seguimos adelante con el **Capítulo 5**, donde veremos cómo transformar la rutina en una aliada del amor y la conexión familiar, en lugar de un enemigo que enfría los corazones. Porque lo cotidiano no tiene por qué ser aburrido... puede ser sagrado.

Familias que Aman, Hijos que Florecen:

:Todos deben cultivar la paciencia practicándola. Al ser uno bondadoso y tolerante, puede mantener ardiente el amor en el corazón, y se desarrollarán en él cualidades que el Cielo aprobará."
(El Hogar Cristiano, p. 91.2)

Familias que Aman, Hijos que Florecen:

Capítulo 5: La Rutina Puede Ser Bendición

"La verdadera cortesía debe comenzar en el hogar." En lugar de que el amor disminuya después del matrimonio, debe volverse más profundo y fuerte." — *Elena G. de White*

A veces, lo más peligroso no es una crisis, sino la costumbre.

El día a día. Los "buenos días" sin miradas. El "¿ya comiste?", sin interés. El "nos vemos luego" sin un abrazo. Así, sin darnos cuenta, la rutina se convierte en una anestesia emocional. Nada duele... pero tampoco vibra.

Pero, ¿y si la rutina no fuera el problema? ¿Y si, en realidad, fuera una oportunidad escondida?

Porque lo cotidiano no tiene que ser sinónimo de monotonía. Puede ser un espacio sagrado, un altar diario donde se construye el amor verdadero.

La rutina desnuda, la verdad

Cuando ya no hay sorpresas, ni adornos, ni maquillaje... queda la esencia. Y es ahí donde se prueba el amor.

La rutina pone a prueba nuestra capacidad de elegir amar, incluso cuando no hay emoción. De seguir sirviendo, aunque no se vea. De seguir hablando, aunque ya "sepamos" lo que el otro va a decir.

Y esa es precisamente la belleza: que cada día común puede ser extraordinario... si lo vivimos con intención.

Familias que Aman, Hijos que Florecen:

Cómo convertir lo cotidiano en conexión

1. Bendecir los comienzos y los finales
    a. Un "buenos días" con una caricia.
    b. Unas "buenas noches" con una oración. Son detalles que no cuestan, pero valen oro emocional.
2. Hacer del almuerzo o la cena un santuario
    a. Sin celulares. Sin televisión. Solo conversación.
    b. Un espacio diario para escucharse, reír, compartir.
3. Repartir tareas con amor
    a. El que cocina, no lava. El que lava, no se queja.
    b. Transformar las tareas en actos de servicio mutuo.
4. Tener citas en casa
    a. Un café juntos después de acostar a los niños.
    b. Una película con palomitas hechas con cariño.
    c. Una carta escrita a mano, solo porque sí.

La rutina con los hijos también puede ser mágica

La rutina diaria con los hijos no tiene que ser monótona ni agotadora; ¡puede convertirse en momentos llenos de magia y conexión! Desde la alegría de cantar juntos durante el baño, hasta las oraciones tranquilas que nutren su espíritu antes de dormir, estas pequeñas acciones fortalecen vínculos eternos. Los juegos que emergen entre las tareas transforman el deber en diversión, y esas miradas cómplices

Familias que Aman, Hijos que Florecen:

en medio del ajetreo diario son un recordatorio de que incluso en el caos, hay espacio para el amor y la complicidad. Crear magia en la rutina es sembrar memorias que permanecerán para siempre en sus corazones.

Recuerda: tus hijos no necesitan una infancia de lujos. Necesitan una rutina de amor, de presencia, de afecto. Porque los momentos más importantes suelen ser los más sencillos... pero constantes.

"La vida no se mide por los grandes eventos, sino por la fidelidad con que se cumplen los pequeños deberes."
— *Adaptado de "El Ministerio de Curación"*

Cuando la rutina se vuelve carga

Si ya estás en ese punto donde todo parece repetitivo, pesado, sin brillo... no te castigues. Solo significa que necesitas volver a mirar.

- Mira a tu esposo como cuando era tu novio.
- Mira a tu esposa como cuando la esperabas con ilusión.
- Mira a tus hijos como si fueran un milagro, no una carga.

Y decide... decidir amar. Aun cuando no haya mariposas. Porque cuando el amor se siembra en la rutina, florece con raíces profundas.

Familias que Aman, Hijos que Florecen:

En el Capítulo 6: Hijos con Propósito, Padres con Misión, hablaremos sobre cómo educar a los hijos no solo para que se porten bien, sino para que descubran su identidad, propósito y valor eterno. Este es un capítulo clave para la formación del carácter y el futuro de los hijos. Este capítulo ayudará a los padres a salir de la crianza reactiva y entrar en una crianza **intencional**, enfocada en el propósito.

Familias que Aman, Hijos que Florecen:

Segunda Parte: Familias con Propósito y Esperanza

Familias que Aman, Hijos que Florecen:

En esta segunda parte del libro, titulada *Familias con Propósito y Esperanza*, el lector se embarca en una travesía espiritual que explora el diseño divino del hogar como un campo fértil para la misión, la restauración y el crecimiento. Aquí, la familia no se presenta como un proyecto humano imperfecto, sino como una obra en proceso guiada por la gracia de Dios. Cada capítulo revela que incluso en medio del quebranto, la fe y el amor pueden abrir caminos de redención y propósito.

Este recorrido comienza con una declaración de identidad en *"Hijos con Propósito, Padres con Misión"*, donde descubrimos que cada hijo tiene un llamado eterno, y cada padre una tarea sagrada: formar con visión, no solo corregir con normas. Luego, en *"Cuando Todo Parece Perdido"*, se abre una ventana a la esperanza que renace en medio del dolor, mostrando que Dios no solo restaura lo roto — lo transforma para bien.

"La Familia, Idea Divina" recuerda que el hogar no fue inventado por la cultura ni la necesidad, sino que brota del corazón de Dios mismo, como un reflejo visible de Su amor invisible. Más adelante, *"El Gran Secreto: Amor y Determinación"* expone que el verdadero amor va más allá de la emoción: es una elección constante que edifica y sostiene, aun en tiempos de crisis.

Finalmente, en *"Caminando con Dios en Familia"*, el lector es convocado a una vida diaria donde la espiritualidad no se limita al templo, sino que se vive alrededor de la mesa, en cada gesto cotidiano, y en la forma de amar, guiar y servir dentro del hogar.

Esta sección es más que un conjunto de enseñanzas — es una declaración profética de lo que Dios puede hacer cuando

Familias que Aman, Hijos que Florecen:

una familia se rinde a Su diseño y camina con propósito. Que cada página sea un llamado a abrazar la esperanza, y a construir hogares donde el cielo se sienta más cerca.

Familias que Aman, Hijos que Florecen:

Familias que Aman, Hijos que Florecen:

Capítulo 6: Hijos con Propósito, Padres con Misión

Educar con Propósito: Criando Hijos con Visión de Eternidad

"El objeto principal de la educación es preparar a los jóvenes para que sean útiles en este mundo y en el venidero."
— Elena G. de White, *La Educación*

Uno de los errores más comunes en la crianza moderna es criar hijos para que "se porten bien". Por supuesto, es importante enseñar normas de conducta. Pero si esa es la meta final, ¿qué tipo de adultos estamos formando? Criar hijos no se trata de que simplemente sean obedientes o exitosos en términos mundanos. Se trata de formar corazones íntegros, fuertes, compasivos y sabios. Se trata de preparar a los niños para vivir bien, amar profundamente, servir con propósito y florecer en los valores que Dios ha diseñado para ellos.

Nuestros hijos no están aquí para encajar en moldes sociales o acumular logros externos; **están aquí porque Dios tiene un propósito eterno con cada uno de ellos.** Y nuestra misión como padres es guiarlos hacia ese propósito, ayudándoles a descubrirlo, desarrollarlo y, sobre todo, abrazarlo.

Educar con Visión de Eternidad

Los mejores padres no son los que lo controlan todo, ni los que buscan una perfección imposible. Los mejores padres son los que tienen una visión clara, una que se extiende más

Familias que Aman, Hijos que Florecen:

allá de las notas escolares y las expectativas de la sociedad. Ellos educan con un propósito eterno en mente.

Preguntas clave para reflexionar:

- **¿Qué tipo de adulto quiero formar?**

  Más allá de habilidades y títulos, ¿quieres criar a alguien lleno de compasión, justicia y fe?

- **¿Qué valores quiero que viva cuando ya no esté a su lado?**

  ¿Qué principios innegociables deseo que lleve consigo en cada decisión de su vida?

- **¿Qué legado quiero dejar en su alma?** Recuerda que los valores y las enseñanzas que impartes ahora influirán en sus relaciones, carácter y misión.

Elena G. de White lo expresa bellamente: "Los hijos son la herencia del Señor; y cada uno debe ser modelado como flecha certera lanzada hacia su destino." Cada palabra, acción y decisión como padres debe apuntar hacia un llamado mayor: lanzar a nuestros hijos como flechas precisas hacia el propósito de Dios.

¿Cómo Sembrar Propósito en el Corazón de un Hijo?

Sembrar propósito en el corazón de un hijo es un desafío que requiere constancia, paciencia y mucho amor. Pero es

Familias que Aman, Hijos que Florecen:

también el llamado más hermoso y transformador de la paternidad. Cada día, cada interacción, cada acto de cuidado es una oportunidad para fortalecer su carácter y dirigir su mirada hacia el diseño divino de su vida.

Historia para ilustrar:

Imagina que tu hijo empieza a mostrar interés por dibujar. Sus pequeños garabatos llenan cada papel que encuentra, y tú eliges observar en lugar de corregir. Le preguntas sobre sus dibujos, escuchas cómo explica cada línea y cada color. Al ver su entusiasmo, decides alentarlo. Le das nuevos colores, celebras no solo sus logros, sino también su esfuerzo. En ese sencillo acto, le enseñas algo fundamental: lo que ama importa.

Este tipo de respuestas diarias comunica algo poderoso: **que Dios le diseñó con talentos únicos que tienen un propósito eterno.** No solo le enseñas que sus dones son valiosos, sino que también formas en él una seguridad inquebrantable en su identidad.

Principios Prácticos para Educar con Propósito

Aquí tienes herramientas y hábitos prácticos para sembrar propósito en el corazón de tus hijos:

1. **Escucha más allá de las palabras:** Cada conversación con tu hijo es una oportunidad para entender sus pensamientos, miedos y sueños. Al escuchar sin juicio, creas un espacio de confianza donde él puede sentirse visto y valorado.

Familias que Aman, Hijos que Florecen:

Ejemplo práctico: Cuando tu hijo diga "quiero ser astronauta," no te rías ni lo contradigas. Pregunta: "¿Qué te gusta de ser astronauta? ¿Qué imaginas que harías allá?" Estas preguntas no solo fomentan su imaginación, sino que también fortalecen su confianza.

2. **Celebra el esfuerzo, no solo los logros:** Un niño necesita saber que es amado y valorado no solo por lo que logra, sino por cómo lo intenta. Reconocer su esfuerzo le enseña a perseverar y a enfrentar los fracasos con gracia.

   Ejemplo práctico: Si tu hijo intentó aprender a tocar un instrumento, pero no tuvo éxito, dile: "Estoy orgulloso de que no te diste por vencido. Esto demuestra que eres valiente."

3. **Involúcralo en decisiones pequeñas:** Permitir que tome decisiones apropiadas para su edad, desarrolla su autonomía y sentido de responsabilidad.

   Ejemplo práctico: Déjale elegir entre dos actividades familiares, o permítele decidir cómo organizar sus juguetes. Estos pequeños momentos construyen confianza en sí mismo y le ayudan a formarse una identidad sólida.

4. **Reafirma siempre su valor:** No importa si triunfa o fracasa; necesita saber que es amado por lo que es, no por lo que hace.

Familias que Aman, Hijos que Florecen:

Ejemplo práctico: Después de un día difícil, dile: "Estoy orgulloso de quién eres. No necesitas hacer nada especial para ser valioso; eres una bendición para mí."

Padres con Misión

La crianza no es un simple esfuerzo humano; **es un ministerio divino.** Cada momento cotidiano tiene el potencial de ser un acto sagrado que moldea el alma de nuestros hijos.

- **Ora antes de actuar:** Busca dirección en Dios para tus palabras y decisiones como padre.

- **Corrige con ánimo, no con temor:** La disciplina efectiva nace del amor, nunca del miedo. Enseña el "por qué" detrás de las reglas, no solo el "qué."

- **Modela con el ejemplo:** Cada acto de bondad, cada oración susurrada, cada decisión tomada con integridad es un reflejo de lo que deseas que tus hijos vivan.

Criar con misión no es sobre control, sino sobresembrar principios eternos que darán fruto en su debido tiempo. Este llamado, aunque desafiante, es el regalo más hermoso que Dios puede darnos.

Cuando los Hijos Se Desvían...

Familias que Aman, Hijos que Florecen:

Incluso con los mejores esfuerzos, hay hijos que toman caminos difíciles. Que se alejan de los valores. Que tropiezan. Pero no están perdidos.

La semilla sembrada con lágrimas dará fruto a su tiempo. Lo que impartes en sus corazones ahora no se pierde; es una semilla viva que Dios puede hacer germinar incluso en los momentos más oscuros.

Ejemplo práctico: Continúa orando por tu hijo. Aunque esté lejos, Dios sigue obrando. Escribe cartas de ánimo y afirmación, aunque no tengas la certeza de que las leerá. Estas palabras pueden ser un recordatorio de amor en el momento exacto.

La Promesa de Educar con Propósito

"Instruye al niño en su camino, Y aun cuando fuere viejo no se apartará de él." — *Proverbios* 22:6

Educar con propósito no es algo que siempre dé frutos inmediatos, pero es una inversión eterna. Cada momento dedicado a criar hijos con valores, fe y misión es un acto que trasciende generaciones.

Crianza no es simplemente enseñar reglas; es formar almas. Educar con propósito es preparar a nuestros hijos para ser útiles en este mundo, pero también en el venidero. Y ese llamado, aunque desafiante, es el mayor privilegio que podemos tener como padres.

Que cada acción que hagas como padre sea una semilla de propósito que dará fruto a su tiempo.

Familias que Aman, Hijos que Florecen:

En el Capítulo 7: Cuando Todo Parece Perdido, será un capítulo poderoso, con testimonios de restauración, la esperanza del perdón, y el papel de la fe en los momentos más oscuros del hogar. Aquí hablaremos del momento en que el dolor parece dominar, cuando las fuerzas se agotan, y todo parece perdido. Pero allí, justo en ese punto... es donde comienza el milagro. Este capítulo incluirá **testimonios, principios prácticos,** y por supuesto, **pasajes bíblicos** que traerán esperanza y renovación.

Familias que Aman, Hijos que Florecen:

"Esposos, amen a sus esposas, así como Cristo amó a la iglesia y se entregó por ella".
(Efesios 5:25)

Familias que Aman, Hijos que Florecen:

Capítulo 7: Cuando Todo Parece Perdido

Cuando Todo Parece Perdido

"Los sacrificios de Dios son el espíritu quebrantado; al corazón contrito y humillado no despreciarás tú, oh Dios."
— Salmo 51:17

Hay días en que el hogar se convierte en un campo de batalla. Las palabras, que alguna vez unieron corazones, ahora son flechas que hieren sin piedad. El silencio, que antes podía ser símbolo de paz, se convierte en un abismo lleno de tensión. Las noches son largas y frías; la cama parece inmensa y solitaria. Los hijos, sensibles como antenas, caminan en puntillas, temiendo despertar los conflictos que yacen bajo la superficie.

En esos momentos, no podemos evitar preguntarnos: **¿cómo llegamos aquí? ¿Es posible que todo esté perdido?**

La desesperación puede ser aplastante. Pero hoy quiero compartirte algo que quizá cueste creer en medio de tanto dolor: **Dios es experto en restaurar lo que los hombres dan por muerto.**

Cuando Dios Obra en el Polvo: Testimonios de Restauración

La restauración no siempre llega en un momento milagroso; muchas veces, se gesta en lo profundo, donde no podemos verla al principio. Pero Dios tiene el poder de transformar

Familias que Aman, Hijos que Florecen:

las ruinas en algo hermoso. Aquí te comparto dos historias reales que nos muestran cómo Su gracia puede obrar en las circunstancias más difíciles:

La madre y el matrimonio quebrantado: Recuerdo el testimonio de una mujer que me escribió: "Mi esposo se fue con otra mujer. Me sentí desechada, inútil, y solo quería desaparecer. Pero una noche, mientras lloraba en el suelo, sentí que Dios me abrazó. Supe que, aunque mi mundo estaba roto, Su presencia seguía conmigo. Comencé a orar por mi familia, aunque no veía esperanza. Pasaron meses… y entonces, él volvió. Con un corazón arrepentido. Hoy oramos juntos cada noche. No somos perfectos, pero somos un milagro."

El padre y su hijo rebelde: Otro testimonio vino de un padre:
"Mi hijo adolescente se volvió violento. Me gritaba, rompía cosas, y un día, en un arranque de ira, me golpeó. Estuve a punto de expulsarlo de casa, pero sentí en mi corazón que Dios me decía: 'Ámalo como Yo te he amado a ti.' Cambié mi forma de tratarlo. Comencé a escribirle una carta cada semana, recordándole cuánto valía. Le mostré paciencia, aunque no la merecía. Hoy tiene 22 años, está en la iglesia y me llama su mejor amigo."

Estas historias nos enseñan que, aunque las circunstancias sean desoladoras, **Dios puede cambiar el rumbo de las cosas.**

Familias que Aman, Hijos que Florecen:

¿Qué Hacer Cuando Sientes Que No Puedes Más?

En los momentos en los que todo parece perdido, es fácil rendirse. Pero esos son los momentos en los que Dios está más cerca, esperando que le permitamos intervenir. Aquí tienes pasos prácticos para enfrentar los días más difíciles:

1. Suelta el control y entrégale el caos a Dios: A menudo intentamos solucionar problemas desde nuestras propias fuerzas, lo que solo aumenta la frustración. Ora y entrégale tus preocupaciones al único que puede transformar corazones.

Ejemplo práctico: Dedica 10 minutos cada mañana para orar específicamente por tu hogar. No pidas solo por soluciones, sino por transformación en cada miembro de tu familia, incluido tú mismo.

2. Cambia tu perspectiva: A veces, el problema no es solo lo que sucede, sino cómo lo percibimos. Pregúntate: ¿qué me está enseñando Dios en esta prueba? ¿Cómo puedo responder desde un lugar de fe en lugar de desesperación?

La Crianza: Una Misión Divina, Incluso en el Dolor

La crianza, incluso en los días más caóticos, es mucho más que una responsabilidad. Es un llamado sagrado que tiene el poder de moldear no solo el presente, sino también el futuro eterno de un hijo. Cada acto de cuidado, cada palabra de corrección y cada gesto de amor puede ser una semilla que florecerá en su debido tiempo.

Familias que Aman, Hijos que Florecen:

Padres con misión: Los padres que entienden el propósito divino de la crianza actúan diferente. Antes de reaccionar al caos, respiran, oran y buscan sabiduría en Dios. Ellos corrigen con amor, motivan con paciencia y modelan los valores que desean ver en sus hijos.

Ejemplo práctico: Cuando tu hijo está desobedeciendo o actuando con rebeldía, tómate un momento para orar antes de reaccionar. Pregunta: ¿qué está intentando comunicar a través de este comportamiento? ¿Cómo puedo responder de manera que forme su corazón en lugar de simplemente imponer reglas?

Dios Nunca Ha Terminado Contigo

Tu hogar puede estar en ruinas. Tu matrimonio puede parecer sin esperanza. Tus hijos pueden estar alejados de los valores que les enseñaste. Pero aquí hay una promesa que nunca pierde su poder: "He aquí yo hago nuevas todas las cosas". Y dijo: "Escribe, porque estas palabras son fieles y verdaderas." (Apocalipsis 21:5)

Dios es experto en lo imposible. Él puede tomar las cenizas y transformarlas en belleza. Puede sanar lo que parece irremediable. Puede restaurar incluso lo que pensaste que estaba muerto.

Ejemplo práctico:

- Escribe una lista de cada área de tu vida que sientes que está rota (tu relación, tus hijos, tus propios miedos). Ora sobre cada una de esas áreas,

Familias que Aman, Hijos que Florecen:

entregándolas a Dios y confiando en Su poder para restaurarlas.

Cuando el Silencio es Más Fuerte que el Grito

Es fácil pensar que los gritos son lo peor que puede suceder en un hogar. Pero el silencio prolongado, la falta de conexión emocional, puede ser aún más destructivo. En estos momentos, el paso más valiente es romper ese silencio con vulnerabilidad. Hablar, aunque duela. Escuchar, aunque sea difícil.

Ejemplo práctico:

- Escribe una carta a cada miembro de tu familia. Expresa tu amor, tu compromiso y tu deseo de unidad. Incluso si la dinámica actual no permite una conversación abierta, estas palabras pueden ser el inicio de la sanidad.

Restauración que Transforma Vidas

"Quien halla esposa halla la felicidad: muestras de su favor le ha dado el Señor." – *Proverbios* 18:22

No importa lo roto que esté tu hogar; Dios nunca desprecia un corazón que se humilla delante de Él. La restauración no siempre es inmediata, pero es una promesa segura. Cada oración, cada acto de fe, cada decisión de amar cuando todo parece perdido es un paso hacia la sanidad que Dios está preparando.

Familias que Aman, Hijos que Florecen:

Él no ha terminado contigo. No ha terminado con tu familia. Lo que parece muerto aún puede renacer. Porque la gracia de Dios es más profunda que cualquier abismo y Su amor más poderoso que cualquier fractura.

Aun en los días más oscuros, hay esperanza. Déjate sostener por esta promesa y confía en que, con Dios, todo puede ser restaurado.

Seguimos con el Capítulo 8: La Familia, Idea Divina. En ese capítulo exploraremos el diseño original de Dios para la familia, el papel de cada miembro, y cómo volver al plan del Creador para tener un hogar lleno de luz, orden y propósito. En este capítulo será profundamente espiritual, porque vamos a redescubrir el diseño de Dios para la familia. No solo como una estructura humana, sino como una **institución divina**, con propósito, belleza y poder transformador.

Familias que Aman, Hijos que Florecen:

Capítulo 8: La Familia, Idea Divina

"El hogar debiera ser el más hermoso lugar del mundo."
— Elena G. de White, *El Hogar Cristiano*

"Así que no son ya más dos, sino una sola carne; por tanto, lo que Dios juntó, no lo separe el hombre."
— *Mateo* 19:6

Desde el principio de los tiempos, la familia no ha sido una simple construcción social ni un invento humano para satisfacer necesidades prácticas. Es el primer regalo de Dios al ser humano, un diseño divino profundamente arraigado en Su corazón. Antes de que existieran iglesias, ciudades o escuelas, hubo una familia: Adán, Eva… y Dios en el centro de ellos.

Esto nos dice algo poderoso: **Dios soñó con la familia como el lugar donde florece el amor, donde se moldea el carácter y donde se refleja el cielo en la tierra.**

Sin embargo, ese sueño divino no tardó en enfrentarse a la distorsión. El egoísmo, la desconexión, la violencia y el abandono comenzaron a infiltrarse, convirtiendo lo que fue creado como refugio en un campo de batalla para muchos. Pero incluso en medio de la fractura, Dios sigue llamándonos a Su propósito original: restaurar el hogar como un lugar de paz, crecimiento y adoración.

La Familia: Más que una Estructura, una Idea Divina

La familia, desde el principio, ha sido el escenario donde se forma la humanidad. Fue en el Edén, bajo la mirada de Dios,

Familias que Aman, Hijos que Florecen:

donde se establecieron las bases para una vida de amor, propósito y adoración.

- **El hogar como reflejo del cielo:** El propósito del diseño original de Dios era que la familia fuese un lugar donde Su amor se viviera diariamente. No como una idea abstracta, sino a través de pequeños actos de ternura, de sacrificio y de servicio mutuo.

Elena G. de White expresó esto maravillosamente: "El hogar debiera ser el más hermoso lugar del mundo." Pero la belleza del hogar no depende de los lujos o las comodidades materiales; depende del amor, la fe y la dedicación de quienes lo habitan.

¿Cuál Es el Diseño Original de Dios para la Familia?

El diseño divino para la familia es más profundo que cumplir roles o compartir un espacio. Es un llamado para construir relaciones que reflejen el carácter de Dios y Su gracia transformadora.

1. El Padre como Líder Espiritual y Protector. El rol del padre no es el de un dictador ni el de un observador pasivo. Es un siervo-líder que guía con humildad, protege con fortaleza y enseña con paciencia. En Efesios 6:4, leemos: "Y vosotros, padres, no provoquéis a ira a vuestros hijos, sino que criadlos en disciplina y amonestación del Señor."

Un padre tiene el privilegio y la responsabilidad de modelar lo que significa caminar con Dios. No solo con palabras, sino con su vida diaria:

Familias que Aman, Hijos que Florecen:

- Tomando decisiones que prioricen a la familia por encima del trabajo o las ambiciones personales.
- Orando con sus hijos, enseñándoles a depender de Dios en todo.
- Corrigiendo con amor, no con enojo, para formar el corazón en lugar de solo modificar la conducta.

Ejemplo práctico: Un padre que dedica tiempo cada noche a leer un pasaje bíblico con sus hijos, explicando cómo aplicarlo a las situaciones diarias, está moldeando vidas para la eternidad.

2. La Madre como Guía del Corazón y del Hogar. El papel de la madre es único y esencial. Es ella quien, con ternura y paciencia, moldea el carácter y el espíritu de sus hijos. Su influencia puede parecer silenciosa, pero deja un impacto eterno.

Cada abrazo, cada palabra de afirmación, cada acto de servicio diario siembra amor y fe en el corazón de sus hijos. Proverbios 31:26 (RVA2015), lo resume bien: "Su boca abre con sabiduría, y la ley de la misericordia está en su lengua.

Ejemplo práctico: Una madre que, al despedir a sus hijos para la escuela, les recuerda con dulzura: "Recuerda que eres amado y que puedes hacer la diferencia hoy," está nutriendo su autoestima y su sentido de propósito.

3. Juntos, Padre y Madre: Un Equipo para Crear con Propósito. El plan de Dios para la familia no es individualista. La crianza no es una responsabilidad

Familias que Aman, Hijos que Florecen:

exclusiva del padre o de la madre, sino una misión compartida donde ambos trabajan en unidad para guiar a sus hijos hacia una vida llena de fe y carácter.

Este ministerio compartido no siempre será fácil, pero es un llamado sagrado. Es una oportunidad para reflejar el amor incondicional de Dios y formar vidas que impacten al mundo.

Los Hijos: Una Herencia del Señor

Los hijos no son una carga ni un proyecto que debemos completar. Son almas eternas confiadas a nuestras manos para guiarlas y formarlas con reverencia. El Salmo 127:3 lo describe hermosamente: "He aquí, herencia de Jehová, son los hijos; cosa de estima el fruto del vientre."

Criar con propósito y visión divina:

- Cada corrección debe formar carácter, no solo buscar obediencia inmediata.
- Cada palabra debe construir seguridad, no temor.
- Cada acto de amor debe recordarles que son profundamente valiosos, no por lo que hacen, sino por quienes son.

Ejemplo práctico: Cuando un hijo falla en algo importante, en lugar de enfocarse en la equivocación, un padre puede decir: "Sé que esto fue difícil para ti, pero estoy orgulloso de cómo intentaste. ¿Qué podemos aprender juntos de esta experiencia?"

Familias que Aman, Hijos que Florecen:

La Familia: Una Luz para el Mundo

La visión de Dios para la familia no es que sea perfecta, sino que sea un faro de esperanza y amor. Incluso en los hogares quebrantados, su gracia tiene el poder de restaurar y renovar.

Cuando la familia sigue el diseño divino:

- El hogar se convierte en un lugar donde reina la paz, incluso en medio del caos del mundo.
- Los hijos crecen con raíces sólidas, confiando en el amor de sus padres y, por ende, en el amor de Dios.
- La familia impacta a su comunidad, mostrando que el amor y la fe son fuerzas transformadoras.

La Familia, Reflejo del Cielo

Dios no diseñó la familia como algo pasajero o superficial. La pensó como el núcleo de su plan para la humanidad: un lugar donde se vive el amor, se enseña la fe y se moldea el carácter.

No importa cuánto se haya desviado el diseño original en nuestras vidas. Con su gracia, siempre es posible volver al propósito que Él soñó. La familia puede ser restaurada, los corazones sanados y los hogares transformados en refugios de amor y luz.

Cuando la familia sigue el diseño de Dios, no solo se fortalece internamente, sino que se convierte en un reflejo

Familias que Aman, Hijos que Florecen:

tangible de su amor y gloria en el mundo. Este es nuestro llamado, nuestro privilegio y nuestra misión.

El Plan de Dios para la Familia: Una Llamada a Construir Según Su Propósito

"El hogar no es simplemente un espacio físico; es el corazón mismo de la sociedad, el lugar donde se construyen los valores que transforman el mundo." — Elena G. de White, *El Ministerio de Curación*

La Familia: Un Diseño Divino desde el Principio

La familia fue el primer regalo de Dios al ser humano. Antes de la iglesia, antes de las ciudades y antes de cualquier institución, Dios estableció un hogar. En el Edén, en medio de la perfección de su creación, Dios diseñó la familia como un reflejo de su carácter, su amor y su propósito eterno. Esto no fue accidental. Fue una declaración de que la familia sería el núcleo donde se forjarían las bases de la humanidad, el espacio donde Su presencia sería experimentada de manera tangible y donde los corazones serían moldeados para llevar su imagen al mundo.

La familia, por tanto, no es una simple construcción cultural o una necesidad social; **es una idea divina.** En Génesis, vemos cómo Dios unió a Adán y Eva, estableciendo una relación de mutuo apoyo, amor y propósito. En ese acto, Dios nos mostró su intención: que la familia sea un lugar de amor sacrificial, unidad, guía espiritual y adoración.

Familias que Aman, Hijos que Florecen:

El Poder Transformador del Hogar: Fundamento de la Sociedad

Elena G. de White expresó con claridad: "En el hogar se encuentra el fundamento de la sociedad. La influencia del hogar es decisiva para el bienestar del mundo." Esto nos recuerda que el impacto de una familia no termina en sus propias paredes. Cada hogar es una semilla que, con el tiempo, da frutos en la sociedad, ya sea para bien o para mal. Las decisiones que tomamos como padres, cónyuges o hijos tienen un efecto multiplicador que puede transformar generaciones.

- **El hogar como escuela de carácter:** Es en el hogar donde los niños aprenden las lecciones más fundamentales: cómo amar, cómo respetar, cómo resolver conflictos y cómo tener fe. Lo que se vive en la intimidad del hogar se refleja en la manera en que las personas se relacionan con los demás en el mundo.

- **Un lugar de refugio y sanidad:** En un mundo lleno de caos e incertidumbre, el hogar debería ser el refugio donde sus miembros encuentran paz, aceptación y restauración.

Cuando una familia vive el plan de Dios, no solo fortalece a sus propios miembros, sino que también irradia luz a la comunidad y al mundo. **Un hogar que sigue el diseño divino se convierte en un faro de esperanza, un testimonio viviente del amor y la gracia de Dios.**

Familias que Aman, Hijos que Florecen:

El Diseño Original: Principios Eternos para Vivir en Familia

Dios estableció principios claros que guían el propósito y el funcionamiento de la familia. Estos principios no son reglas arbitrarias; son verdades eternas diseñadas para traer paz, prosperidad y propósito a nuestros hogares.

1. El Amor como Fundamento Principal. El amor no es simplemente un sentimiento; es una decisión diaria y un principio que debe guiar cada interacción en el hogar. Este amor se manifiesta en el sacrificio, la paciencia, la bondad y el perdón. Efesios 5:25 nos llama a amar con la misma intensidad con la que Cristo ama a su iglesia.

Ejemplo práctico: Dedica tiempo a expresar amor a tu familia a través de palabras de afirmación, gestos de cariño y actos de servicio. Por ejemplo, escribe una nota de gratitud a tu pareja o pasa una tarde jugando con tus hijos, dejando de lado las distracciones tecnológicas.

2. Unidad Espiritual a Través de la Oración. La oración unifica. Es un acto poderoso que conecta los corazones de la familia entre sí y con Dios. Cuando se ora en familia, se reconocen las necesidades colectivas y se busca la guía divina en conjunto.

Ejemplo práctico: Establece un momento diario para orar juntos como familia. Este puede ser al inicio del día o antes de dormir. Incluye agradecimientos y peticiones específicas de cada miembro del hogar.

Familias que Aman, Hijos que Florecen:

3. Roles que Reflejan Responsabilidad y Servicio. En el diseño divino, cada miembro de la familia tiene un papel que desempeñar, no como una obligación que oprime, sino como una oportunidad de servir y construir juntos.

- **El padre:** Es llamado a liderar espiritualmente con humildad y a ser un protector que guía con amor y sabiduría. Efesios 6:4 dice: "Y vosotros, padres, no provoquéis a ira a vuestros hijos, sino que criadlos en disciplina y amonestación del Señor."

- **La madre:** Es una guía del corazón y el alma, moldeando el espíritu de los hijos con ternura y fe. Su influencia es esencial para formar generaciones que honren a Dios.

- **Los hijos:** Son invitados a honrar a sus padres y a aprender a través del ejemplo que ellos modelan.

Ejemplo práctico:

- Como padre o madre, reflexiona sobre cómo tus decisiones y palabras están afectando a tu familia. Modela valores que quieres que tus hijos imiten, como la integridad y el respeto.

4. La Educación Espiritual como Prioridad. Proverbios 22:6 nos enseña: "Instruye al niño en su camino; y aun cuando sea viejo no se apartará de él." La educación en los caminos de Dios no es opcional; es el cimiento sobre el cual se edifican las decisiones y valores de la vida.

Familias que Aman, Hijos que Florecen:

Ejemplo práctico: Organiza una "noche de estudio bíblico en familia" donde puedan reflexionar juntos en un pasaje de la Escritura y hablar sobre cómo aplicarlo a situaciones diarias.

Restaurando Hogares en Ruinas

No todas las familias reflejan el diseño perfecto de Dios. Muchas han sido afectadas por heridas, conflictos y distorsiones que han dejado cicatrices profundas. Sin embargo, aquí está la esperanza: **Dios no necesita una familia perfecta para obrar. Él solo necesita corazones dispuestos.**

El Salmo 127:1 nos recuerda: "Si Jehová no edificare la casa, en vano trabajan los que la edifican." Esta verdad es un llamado a dejar que Dios sea el arquitecto de nuestro hogar, permitiéndole reconstruir lo que está roto y guiar nuestras decisiones.

Pasos prácticos hacia la restauración:

1. **Reconoce la necesidad de Dios en tu hogar:** Ora pidiendo sabiduría y fortaleza para enfrentar los desafíos.

2. **Practica el perdón:** Los resentimientos del pasado deben ser entregados a Dios para sanar las relaciones dentro del hogar.

3. **Haz de la comunicación una prioridad:** Escucha con empatía y expresa tus pensamientos con respeto y amor.

Familias que Aman, Hijos que Florecen:

4. **Busca momentos de unidad:** Dedica tiempo a actividades familiares que fortalezcan los lazos y fomenten el amor mutuo.

El Impacto de un Hogar Transformado

Cuando una familia vive según el diseño divino, el impacto trasciende las paredes del hogar. Los hijos que crecen viendo el amor y la fe en acción llevan esos valores al mundo, influyendo en sus propias relaciones, comunidades y generaciones futuras.

Un hogar transformado por Dios no solo trae paz y armonía a quienes lo habitan; también se convierte en un **testimonio vivo del poder de Su gracia.** Es un lugar donde el amor de Cristo es palpable y donde Su propósito eterno se manifiesta en las decisiones diarias.

Un Hogar Según el Propósito de Dios

El hogar es más que un lugar físico; es un reflejo del cielo en la tierra, el espacio donde Dios desea morar y obrar. No importa cuánto se haya desviado tu familia del diseño original; con corazones dispuestos, Dios puede restaurarlo todo.

Cuando vivimos bajo su plan, nuestros hogares se convierten en altares de adoración, escuelas de fe y refugios de amor. Este es el llamado más alto que tenemos como familias: reflejar su gloria y ser luz en un mundo necesitado.

Familias que Aman, Hijos que Florecen:

Entrega tu hogar a Dios hoy y deja que Él lo transforme en un lugar donde Su amor reine, Su paz gobierne y Su propósito eterno guíe cada paso.

En el Capítulo 9: El Gran Secreto: Amor y Determinación. Ahí hablaremos de cómo, más allá de técnicas o métodos, lo que realmente transforma una familia es la **decisión diaria** de amar, de luchar, de no rendirse… y de caminar con Dios. Este capítulo cierra con fuerza y esperanza la sección central del libro. Es una invitación clara a actuar, a decidir amar, a mantener la fe, incluso cuando el amor se pone a prueba. En él, exploraremos el verdadero secreto que mantiene unida a una familia: **la determinación de amar… con Dios en el centro.**

Familias que Aman, Hijos que Florecen:

Capítulo 9: El Gran Secreto: Amor y Determinación

El amor verdadero, lejos de ser una emoción pasajera, es un principio vivo, una acción que se elige cada día, incluso cuando las circunstancias no son ideales. Elena G. de White describe esta poderosa realidad en *El Hogar Cristiano*: "El amor no es un sentimiento, sino un principio que actúa. El verdadero amor consiste en renunciar a uno mismo por el bien del otro." Colosenses 3:14 añade: "Y sobre todas estas cosas, vestíos de amor, que es el vínculo perfecto." Estas palabras nos llaman a reflexionar: ¿qué es el amor, realmente?

No siempre tendrás mariposas en el estómago. Habrá días donde la paciencia parezca agotarse y momentos donde no tengas la razón. Pero el amor no depende de estas cosas; depende de la determinación de seguir amando pase lo que pase. Es decidir, incluso en los días más difíciles, poner al otro primero. Es cuidar el vínculo, aun cuando parece frágil. Es sanar lo que duele y reconstruir lo que se ha roto, con fe en que el esfuerzo vale la pena.

Esta determinación, esta elección diaria de amar, es lo que muchos buscan en libros, consejerías y talleres. Es la clave que transforma relaciones, que conecta corazones y que refleja el amor inagotable de Dios. Porque el verdadero amor no va y viene como un impulso; es un compromiso firme que moldea vidas y relaciones, que trasciende lo temporal y apunta hacia lo eterno.

Cuando decides amar con esta determinación, no solo encuentras esperanza en tus relaciones, sino que también te

Familias que Aman, Hijos que Florecen:

alineas con el vínculo perfecto que describe la Escritura. Esa es la belleza y el poder del amor según el diseño divino.

Amar cuando cuesta

El verdadero amor no se encuentra en palabras bonitas ni en gestos superficiales; se revela en decisiones valientes y acciones que reflejan el carácter de Dios. Amor es elegir perdonar cuando todo en ti clama por venganza, porque sabes que el perdón libera tanto a quien lo da como a quien lo recibe. Es decidir quedarte cuando sería más fácil huir, porque la lealtad es más fuerte que cualquier temor o incomodidad.

El verdadero amor se muestra cuando sirves, incluso en los momentos en que el cansancio pesa, porque entiendes que el servicio a los demás es un reflejo del amor inagotable de Dios hacia ti. Es cuidar, aunque nadie lo note, porque sabes que el amor auténtico no busca reconocimiento, sino que brota del deseo sincero de bendecir a otros.

Esto no es debilidad, aunque el mundo a veces lo haga parecer así. Amar de esta manera requiere más fuerza que cualquier otra cosa. Es la fuerza del carácter, de la fe y de una conexión profunda con Dios, quien es la fuente de todo amor. Como nos recuerda 1 Juan 4:8: "El que no ama, no ha conocido a Dios; porque Dios es amor."

Amar de esta forma no es solo un acto, es una manera de vivir que transforma corazones y relaciones. Es la esencia misma de Dios reflejada en nuestra vida diaria, un vínculo eterno que nos acerca a lo que verdaderamente importa.

Familias que Aman, Hijos que Florecen:

La determinación comienza en el corazón

El amor no es algo que simplemente sucede; es una elección diaria, un compromiso que se entrena con esfuerzo, humildad y, sobre todo, una profunda dependencia de Dios. Amar requiere dedicación, porque no nace perfecto; se desarrolla con el tiempo, moldeado por cada experiencia, cada desafío y cada oración.

En esos momentos de intimidad con Dios, pídele amor, el tipo de amor que refleja Su corazón. Cuando falles, no temas pedir perdón, porque la humildad abre las puertas a la sanidad y fortalece el vínculo. Cuando te frustres, recuerda la promesa que hiciste; esa decisión tomada en amor es más fuerte que cualquier emoción pasajera. Y cuando sientas dudas, regresa al altar. Allí encontrarás renovación, dirección y la gracia necesaria para continuar.

El matrimonio no se sostiene en emociones efímeras; se construye sobre decisiones firmes. La familia no se edifica con fuerza humana, sino con fe y constancia, con la certeza de que Dios está en el centro y provee las herramientas para superar cualquier obstáculo. Como lo dice 2 Timoteo 1:7: "Porque no nos ha dado Dios espíritu de cobardía, sino de poder, de amor y de dominio propio." Este dominio propio es clave para vivir el amor como un acto consciente, decidido y transformador.

Cuando practicas esta voluntad de amar, no solo fortaleces tu matrimonio y tu familia; también reflejas el amor de Dios al mundo, un amor que no se agota y siempre busca dar lo mejor. Este es el regalo y el privilegio de vivir según Su propósito.

Familias que Aman, Hijos que Florecen:

El Amor en el Matrimonio: Pactos que Renuevan y Fortalecen el Corazón

El matrimonio es un viaje lleno de momentos hermosos y desafíos inesperados. Aunque el amor pueda nacer con intensidad, no se sostiene automáticamente con las palabras pronunciadas hace años en una ceremonia. El amor verdadero requiere cuidado, dedicación y renovación constante. Para que un matrimonio prospere y crezca, es esencial que ambos cónyuges se comprometan a hacer nuevos pactos. No pactos firmados en papel, sino pactos vividos en acciones pequeñas y significativas, esas que sostienen el hogar y reflejan el amor eterno de Dios.

Estos pactos no solo fortalecen los lazos entre los esposos, sino que también crean un legado de amor, respeto y fe que trasciende generaciones. Cada decisión consciente de actuar con amor y compromiso es un paso hacia un matrimonio que refleja el diseño divino.

El Poder de los Pactos en el Matrimonio

Los pactos en el matrimonio no son promesas vacías; son actos de intención. Son recordatorios diarios de que el amor no es simplemente una emoción que va y viene, sino una elección deliberada y constante. Estos compromisos son el antídoto contra el desgaste que puede traer la rutina, los conflictos y las demandas de la vida diaria.

1. Haz el Pacto de Hablar con Respeto, Incluso en Medio del Enojo. Las palabras tienen un impacto duradero. En

Familias que Aman, Hijos que Florecen:

momentos de tensión, es fácil dejarse llevar por el enojo y decir cosas que hieren, pero estas palabras pueden construir o destruir el vínculo matrimonial. Hablar con respeto no significa evitar los conflictos, sino enfrentarlos con amor y empatía.

Ejemplo práctico:

- Antes de responder en medio de un desacuerdo, tómate un momento para respirar y reflexionar. Piensa en cómo expresar tus sentimientos sin atacar al otro. Usa frases como "Me siento…" en lugar de "Tú siempre…"

Herramienta:

- Crea una regla en el hogar: "En este matrimonio, tratamos nuestras diferencias con palabras que edifican." Escríbelo y colócalo en un lugar visible como un recordatorio constante.

2. Haz el Pacto de Orar Juntos. La oración es el pegamento espiritual que une a una pareja. Cuando oran juntos, invitan a Dios a ser parte activa de su relación. La oración transforma los corazones, fortalece los lazos y trae claridad en medio de los desafíos.

Ejemplo práctico:

- Comiencen con oraciones breves. Pueden agradecer por las bendiciones del día o pedir fuerzas para enfrentar los retos juntos. No importa si es incómodo al principio; con el tiempo, se convertirá en un hábito lleno de significado.

Familias que Aman, Hijos que Florecen:

Herramienta:

- Establezcan un horario para orar juntos. Puede ser antes de dormir, al comenzar el día o incluso mientras caminan juntos.

3. Haz el Pacto de No Irse a Dormir Sin Reconciliarse. Los días no siempre serán perfectos, y habrá desacuerdos. Pero permitir que un conflicto quede sin resolver abre la puerta al resentimiento y a la desconexión emocional. La reconciliación antes de dormir es un acto de humildad y amor que fortalece el matrimonio.

Ejemplo práctico:

- Si han tenido una discusión, tómense un momento antes de acostarse para decir algo como: "Lamento que estemos en desacuerdo. Te amo y quiero que resolvamos esto juntos mañana."

Herramienta:

- Hagan de Efesios 4:26 ("No se ponga el sol sobre vuestro enojo") un principio en su matrimonio. Recuérdense mutuamente este compromiso cuando surjan tensiones.

4. Haz el Pacto de No Hablar Mal el Uno del Otro Delante de los Hijos. Los hijos son espejos que reflejan lo que ven y oyen. Hablar con desprecio o crítica sobre tu pareja delante de ellos no solo daña tu relación, sino que también impacta

Familias que Aman, Hijos que Florecen:

la manera en que tus hijos entenderán el amor y el respeto en sus propias vidas.

Ejemplo práctico:

- Si necesitas discutir un problema, hazlo en privado y en un tono calmado. Frente a tus hijos, resalta las cualidades positivas de tu pareja.

Herramienta:

- Como pareja, hagan el compromiso de nunca criticar al otro frente a los hijos. Pueden recordarse mutuamente este pacto con frases como: "Ellos están aprendiendo de nosotros."

5. Haz el Pacto de Luchar por el Amor, Incluso Cuando el Otro Esté Débil. El amor no siempre es equilibrado; habrá momentos en que uno de los dos estará más fuerte, emocionalmente, mientras el otro luchará con debilidades, cansancio o inseguridades. En estos momentos, el amor verdadero muestra su fortaleza al sostener al otro, en lugar de abandonarlo.

Ejemplo práctico:

- Si tu pareja está pasando por un momento difícil, encuentra formas de demostrar amor a través de actos de servicio o palabras de ánimo. Por ejemplo: "Sé que estás enfrentando mucho, pero quiero que sepas que estoy aquí para ti."

Herramienta:

Familias que Aman, Hijos que Florecen:

- Escribe una lista con las razones por las que te enamoraste de tu pareja y compártela con él/ella en momentos de vulnerabilidad.

El Amor: Más Allá de las Palabras, en las Acciones Diarias

Estos pactos son mucho más que gestos simbólicos. Son elecciones diarias que construyen y mantienen un matrimonio sólido y resiliente. Cada acción que tomes para honrar estos compromisos no solo fortalece tu relación, sino que también refleja el amor incondicional de Dios, quien permanece fiel a pesar de nuestras debilidades.

El amor en el matrimonio nunca debe ser algo estático. Es un compromiso vivo que necesita ser renovado continuamente. Los pequeños actos de servicio, las palabras de afirmación y los momentos de reconciliación son los que sostienen el hogar cuando llegan las tormentas.

Renovar el Amor: Un Acto de Fe y Entrega

Renovar estos pactos es una forma de recordarle a tu pareja —y a ti mismo— que el amor no se da por sentado. Es un acto intencional de fe y entrega que dice: "Te elijo, incluso en los días difíciles. Te amo, incluso cuando me cuesta hacerlo. Lucho por nosotros, porque vales la pena."

Como dice Eclesiastés 4:12, "Y si alguno prevaleciere contra uno, dos lo resistirán; y cordón de tres dobleces no se rompe pronto." Cuando Dios está en el centro del matrimonio, se

Familias que Aman, Hijos que Florecen:

convierte en esa tercera cuerda que fortalece la unión y la hace inquebrantable.

Haz hoy el compromiso de renovar los pactos de tu matrimonio. Que tus palabras y acciones reflejen el amor incondicional que Dios tiene para ti. Estos pactos no solo sostendrán tu relación, sino que también serán un legado de amor y fe para las generaciones que sigan.

Que cada día sea una oportunidad para demostrar que el amor es una elección, una acción y un reflejo del pacto eterno que Dios tiene con nosotros.

¿Y Si Ya Estoy Cansado?: El Refugio en Medio del Desgaste

Hay días en los que el cansancio no es solo físico; es un peso en el alma. Intentas una y otra vez, pero los resultados parecen esquivos. Las heridas no sanan, las palabras no llegan, y la soledad dentro de una relación puede volverse más profunda que el silencio. En esos momentos, cuando parece que todo se desmorona, es fácil sentirse derrotado, pensar que tal vez ya no hay más por hacer. Sin embargo, incluso en los momentos más oscuros, hay una promesa que resplandece: **no estás solo.**

Dios está allí, incluso cuando el dolor te ciega. Él ve esas lágrimas que intentas ocultar de todos los demás. Cada oración susurrada, incluso aquellas que comienzan como un simple suspiro, son escuchadas por Él. Isaías 40:31 nos ofrece un recordatorio reconfortante:

Familias que Aman, Hijos que Florecen:

"Los que esperan a Jehová tendrán nuevas fuerzas; levantarán alas como las águilas."

Esperar en Dios no significa quedarse inmóvil. Es un acto de fe activa, un compromiso de confiar en Su tiempo perfecto y en Su poder para restaurar lo que parece irrecuperable. En ese acto de esperar, Él renueva tus fuerzas, te levanta por encima de los desafíos, y te muestra que más allá del dolor hay propósito, sanidad y esperanza.

Cuando el Camino Cuesta Arriba Pesa: Un Recordatorio de Su Presencia

El cansancio, ya sea físico, emocional o espiritual, puede nublar nuestra visión. Puede hacernos sentir que el esfuerzo no vale la pena, que los resultados jamás llegarán. Pero es precisamente en esos momentos que Dios se acerca más que nunca, sosteniéndonos incluso cuando creemos que ya no podemos más.

Dios ve tu esfuerzo:

- Cada vez que eliges no rendirte, aunque el panorama no mejore.
- Cada momento en que decides mostrar amor, incluso cuando duele.
- Cada oración, aunque rota, que sube hacia Él.

Su promesa es clara: **te dará nuevas fuerzas.** Este es el Dios que no se queda al margen de tu dolor, sino que entra en tus

Familias que Aman, Hijos que Florecen:

dificultades para caminar contigo, cargarte cuando es necesario y recordarte que no estás solo.

La Victoria No Está en No Caer, Sino en Levantarse

El amor verdadero, ese que refleja el carácter de Dios, no se trata de perfección, sino de perseverancia. No está reservado para quienes nunca fallan, sino para aquellos que, a pesar de los tropiezos, toman la decisión de levantarse una y otra vez.

- **Perseverar en el amor:** Amar cuando es fácil no requiere esfuerzo; pero amar cuando el cansancio pesa es un acto de fe. Cada vez que eliges seguir amando, sigues construyendo, sigues creyendo, estás sembrando semillas que darán fruto en su debido tiempo.

- **Aceptar la gracia de Dios:** Dios no está esperando que seas perfecto. Él sabe que la perfección humana no existe. Lo que busca es tu disposición a confiar en Su obra, a decir: "Aquí estoy, roto y desgastado, pero dispuesto a depender de Ti."

El gran secreto del amor que no falla está en depender de Dios diariamente. No nace de nuestras propias fuerzas, sino de Su poder que restaura, fortalece y renueva.

Ejemplo práctico:

Familias que Aman, Hijos que Florecen:

- Cuando sientas que ya no puedes más, toma un momento para detenerte. Ora y di: "Señor, ya no puedo hacerlo por mí mismo. Necesito Tu fuerza para seguir adelante." Luego, escribe una lista de tres cosas por las que puedes agradecer incluso en medio del cansancio.

El Poder del Amor que Persevera

El amor que sana, que restaura y que trasciende no es un amor que se rinde. Es un amor que insiste, que continúa incluso en los días más oscuros. Es el amor que proviene de Dios, quien nunca abandona a Sus hijos.

1. El amor que sana heridas: Dios no solo pone parches en nuestras heridas; Él las sana desde la raíz. Cuando llevas tus dolores a Él, no solo recibes consuelo, sino también restauración.

Ejemplo práctico:

- Si estás herido por palabras o acciones de tu pareja o tu familia, ora específicamente por sanidad y reconciliación. Luego, busca un momento para expresar lo que sientes de manera honesta, pero amorosa.

2. El amor que reconstruye vínculos rotos: Los vínculos fracturados pueden parecer irreparables, pero con la ayuda de Dios, es posible reconstruirlos. Esto requiere tiempo, disposición y perdón.

Ejemplo práctico:

Familias que Aman, Hijos que Florecen:

- Escribe una carta a esa persona con quien sientes desconexión. Exprésale tu deseo de reconstruir la relación. Si no estás listo para dársela, ora por la situación y pídele a Dios que te guíe.

3. El amor que transforma lo imposible en testimonio: Tu historia, por difícil que sea ahora, puede convertirse en un testimonio de fe y victoria. Dios toma lo que parece perdido y lo transforma en algo hermoso.

Ejemplo práctico:

- Reflexiona sobre un momento difícil en tu vida pasada que Dios ya restauró. Usa ese testimonio como recordatorio de que Él puede hacerlo otra vez.

Cuando las Fuerzas Se Agotan, Renuévate en Dios

No eres tú quien debe cargar con todo. Dios no espera que lleves las cargas de la vida solo. Su invitación es clara: **"Venid a mí todos los que estáis trabajados y cargados, y yo os haré descansar."** (Mateo 11:28)

- **Tómate momentos diarios de renovación espiritual:** Lee un pasaje bíblico, escucha alabanzas, o simplemente siéntate en silencio y permite que Su paz inunde tu corazón.

- **Busca apoyo:** Habla con personas de confianza que puedan orar contigo y animarte en este proceso. A veces, Dios usa a otros como instrumentos para levantarte.

Familias que Aman, Hijos que Florecen:

El Amor que Nunca Se Rinde

Si estás cansado, si sientes que cada paso que das es cuesta arriba, recuerda esto: Dios está contigo. No estás caminando solo. Él ve tus esfuerzos, conoce tus luchas y está obrando incluso en este momento, aunque no lo puedas ver.

El amor que proviene de Dios nunca se rinde, nunca se agota y siempre encuentra un camino. Con Su fuerza, no solo puedes superar los desafíos, sino también florecer en medio de ellos. **Este es el poder del amor verdadero: no nace de nuestras propias fuerzas, sino de Aquel que restaura, fortalece y transforma.**

Hoy, elige depender de Dios. Él te sostendrá, te renovará y te mostrará que aun en el cansancio, puedes encontrar esperanza y victoria.

El Capítulo 10: Caminando con Dios en Familia, Será un capítulo final para esta parte del libro, centrado en cómo hacer de Dios el centro real del hogar, con rutinas espirituales, oración familiar, y fe práctica. ¡Qué alegría seguir contigo en este viaje tan especial! Vamos ahora con un capítulo que eleva todo lo anterior: cómo hacer de Dios **el centro real y cotidiano** del hogar. Porque no hay estrategia más poderosa para una familia feliz... que caminar juntos con Dios.

Familias que Aman, Hijos que Florecen:

Capítulo 10: Caminando con Dios en Familia

Caminando con Dios en Familia: Un Hogar Transformado por Su Presencia

El hogar, en su diseño más elevado, es un lugar donde Dios desea habitar constantemente, no como un visitante ocasional, sino como el centro de cada momento. La invitación para que Dios edifique nuestro hogar no es solo una opción; es la base sobre la cual todo se construye. El Salmo 127:1 nos recuerda: **"Si Jehová no edificare la casa, en vano trabajan los que la edifican."**

Cuando Cristo mora en el hogar, no se trata únicamente de tener un cuadro con un versículo en la pared o de asistir a la iglesia los domingos. Se trata de una relación viva, activa y constante con Él. Elena G. de White describe esta verdad en *El Hogar Cristiano*: **"Cuando Cristo mora en el hogar, hay dulzura, hay paz, hay unidad. Su presencia suaviza el carácter, domina las pasiones y ennoblece los afectos."**

Dios, el Centro de Nuestro Hogar: Más que un Visitante

El deseo de Dios no es ser una figura ocasional en nuestras vidas, alguien a quien buscamos solo cuando atravesamos dificultades. Su deseo es ser el centro absoluto de nuestro hogar:

Familias que Aman, Hijos que Florecen:

- **En cada decisión:** Cuando enfrentamos dudas sobre el camino que debemos tomar, Su sabiduría es nuestra guía.

- **En nuestras conversaciones:** Invitarlo significa hablar con gracia, respeto y gratitud en nuestros intercambios diarios.

- **En nuestra rutina:** Desde los momentos de oración antes de los alimentos hasta las reflexiones nocturnas al cerrar el día.

Caminar con Dios como familia no se trata de rituales vacíos. Es una forma de vida transformadora que afecta cada rincón del hogar y cada corazón que lo habita. Cuando permitimos que Su amor fluya en nuestro día a día, experimentamos paz en las tensiones, dulzura en los conflictos y unidad en nuestras diferencias.

Ejemplo práctico:

- Dedica 5 minutos cada mañana para comenzar el día juntos en oración. Aunque sea breve, este acto establece el tono para el resto del día.

¿Qué Significa Caminar con Dios en Familia?

Caminar con Dios como familia significa invitarlo a formar parte activa de nuestras relaciones y nuestras rutinas. Es reconocer que Él no es simplemente una presencia pasiva, sino el arquitecto que transforma y fortalece nuestro hogar.

1. Ver a los demás a través de los ojos de Dios: Cuando Cristo es el centro, cada integrante de la familia

Familias que Aman, Hijos que Florecen:

aprende a ver a los demás con compasión infinita, paciencia inagotable y un amor que trasciende las fallas humanas. El amor deja de ser una reacción emocional y se convierte en un principio basado en el Evangelio.

Ejemplo práctico:

- Enseña a tus hijos a orar por cada miembro de la familia, agradeciendo por las fortalezas de cada uno y pidiendo paciencia para las debilidades.

2. Hacer del perdón una práctica constante: El perdón, lejos de ser la excepción, se convierte en una norma diaria. Reflejar el carácter misericordioso de Dios en el hogar requiere una actitud de humildad y disposición para sanar heridas.

Ejemplo práctico:

- Crea un momento semanal en familia para reflexionar sobre el perdón. Pregunta: "¿Hay algo que necesitemos resolver esta semana?" Práctica pedir perdón y recibirlo con gracia.

3. Incorporar la Palabra de Dios en lo cotidiano: Deuteronomio 6:6-7 nos dice: **"Y estas palabras que yo te mando hoy, estarán sobre tu corazón; y las repetirás a tus hijos, y hablarás de ellas estando en tu casa..."** Este llamado no es solo para los momentos solemnes; es una invitación para integrar a Dios en cada aspecto de la vida familiar.

Familias que Aman, Hijos que Florecen:

Ejemplo práctico:

- Mientras cocinas o haces tareas con tus hijos, reflexiona juntos sobre un versículo bíblico, preguntándoles cómo creen que puede aplicarse a su día a día.

4. Usar los desafíos como herramientas para el crecimiento:
Las dificultades no son obstáculos para el hogar que camina con Dios; son oportunidades para fortalecer relaciones, practicar humildad y depender aún más de Su gracia.

Ejemplo práctico:

- Si hay un conflicto entre miembros de la familia, primero ora juntos antes de intentar resolverlo. Esto ayuda a centrar los corazones en la paz y la reconciliación.

Un Hogar Como Escuela del Cielo

Un hogar donde Cristo es el centro no busca perfección, pero encuentra propósito en Su presencia. Cada conversación, cada decisión y cada interacción se convierten en lecciones vivas de fe y obediencia. Este hogar actúa como una **escuela del cielo**, donde los valores eternos no solo se enseñan, sino que se practican diariamente.

Impacto en las generaciones: Cuando permitimos que Cristo sea el anfitrión permanente de nuestro hogar, estamos dejando un legado espiritual para las generaciones

Familias que Aman, Hijos que Florecen:

futuras. Les mostramos que el amor de Dios no solo transforma vidas individuales, sino que también fortalece los lazos familiares.

Transformando el Hogar en un Testimonio Vivo

Cuando Dios mora en un hogar, Su influencia transforma la convivencia y la forma en que enfrentamos las tormentas de la vida. El hogar se convierte no solo en un lugar de refugio, sino en un testimonio vivo de Su poder, Su gracia y Su propósito.

- **La dulzura reemplaza el resentimiento:** Los momentos difíciles se enfrentan con comprensión y empatía.

- **La paz vence la ansiedad:** Incluso en medio del caos, el hogar refleja la seguridad que viene de confiar en Dios.

- **La unidad supera las diferencias:** La familia aprende a valorar las fortalezas de cada miembro y a trabajar juntos hacia el propósito divino.

El Llamado a Caminar con Dios en Familia

El hogar fue diseñado para ser mucho más que un lugar de convivencia. Fue creado como un espacio donde el amor de Dios, Su paz y Su propósito transforman cada rincón y cada vida. Salmo 127:1 nos recuerda que, sin Dios como el

Familias que Aman, Hijos que Florecen:

fundamento, nuestros esfuerzos carecen de dirección y fortaleza.

Caminar con Dios en familia no requiere perfección, pero sí disposición. Es un llamado a hacer de cada día una oportunidad para vivir Su amor y practicar Su gracia. Cuando permitimos que Él sea el centro, nuestras familias no solo prosperan; se convierten en un reflejo de Su gloria y un testimonio para quienes nos rodean.

Haz hoy el compromiso de caminar con Dios como familia. Que Su presencia sea el cimiento de tu hogar y la fuerza que lo sostenga. Él desea transformar tu vida, no solo para tu beneficio, sino para reflejar Su amor eterno en tu entorno.

Cómo Enseñar a los Hijos a Caminar con Dios: Transformando el Hogar en un Refugio Espiritual

Los hábitos espirituales no son simplemente costumbres; son las llaves que abren puertas para que la presencia de Dios fluya en nuestras vidas y transforme nuestro hogar. Cuando cada miembro de la familia se compromete a integrar estos hábitos en el día a día, el hogar se convierte en un espacio sagrado, donde el amor de Dios es palpable, donde las emociones encuentran paz, y donde las relaciones se fortalecen. Este es el diseño divino para la familia: que sea un reflejo del cielo en la tierra.

El Impacto de los Hábitos Espirituales en la Familia

Enseñar a los hijos a caminar con Dios no es un proceso que ocurre de manera automática. Requiere intencionalidad, paciencia y constancia. Pero los frutos de este esfuerzo son

Familias que Aman, Hijos que Florecen:

eternos. Un hogar donde se vive la fe diariamente moldea vidas de manera profunda, influye en el carácter de los hijos y deja un legado espiritual que trasciende generaciones.

Cada hábito espiritual, desde la oración hasta las conversaciones informales sobre Dios, tiene el poder de anclar la familia en valores eternos y de cultivar un ambiente donde la gracia de Dios se manifiesta en cada rincón.

1. Oración Familiar Diaria: El Cordón Invisible Que Une

La oración en familia no tiene que ser extensa ni formal para ser poderosa. Es un espacio donde los corazones se conectan entre sí y con Dios. Orar juntos fortalece la confianza mutua, unifica propósitos y crea un ambiente de humildad ante la presencia divina.

- **Beneficios de la oración familiar:**
    - Derriba barreras emocionales entre los miembros del hogar.
    - Fortalece la fe individual y colectiva.
    - Invita la presencia activa de Dios en el hogar.

Ejemplo práctico:
- Establece un momento fijo para orar juntos todos los días, como antes de comenzar el día o antes de dormir. Cada miembro puede participar, ya sea

Familias que Aman, Hijos que Florecen:

compartiendo una petición, dando gracias o leyendo una breve oración.

Herramienta práctica:

- Crea un "diario de oración familiar" donde todos puedan escribir sus peticiones y testimonios de cómo Dios ha respondido. Esto no solo fortalece la fe, sino también enseña a los hijos el poder de la oración.

2. Lectura Bíblica Compartida: Conectando el Corazón con la Palabra de Dios

Compartir la Biblia en familia no es solo leer; es reflexionar juntos, aprender y aplicar sus enseñanzas en la vida cotidiana. Este hábito enseña a los hijos que la Biblia no es un libro lejano, sino una guía práctica para cada aspecto de la vida.

- **Beneficios de leer juntos la Palabra de Dios:**
    - Crea momentos de conexión espiritual profunda.
    - Imprime verdades eternas en el corazón de cada miembro.
    - Fomenta el diálogo y el aprendizaje mutuo.

Ejemplo práctico:

- Dedica una noche a la semana para leer y comentar juntos un pasaje bíblico. Pregunta a los hijos cómo creen que ese versículo se aplica a sus vidas.

Familias que Aman, Hijos que Florecen:

Herramienta práctica:

- Utiliza aplicaciones o planes de lectura bíblica diseñados para familias. Esto facilita la continuidad del hábito y ofrece preguntas de reflexión.

3. Agradecimientos Antes de Comer: Cultivando Gratitud

Agradecer antes de cada comida no es solo un acto de cortesía; es un recordatorio constante de que todo lo que tenemos viene de Dios. Este hábito inculca dependencia, gratitud y reconocimiento.

- **Beneficios de expresar gratitud:**
    - Crea un espíritu humilde y generoso.
    - Enseña a los hijos a valorar las bendiciones diarias.
    - Fomenta un ambiente de gozo en el hogar.

Ejemplo práctico:

- Antes de cada comida, dediquen unos segundos para que cada miembro de la familia agradezca por algo específico del día. Esto personaliza la oración y enseña a los hijos a reflexionar sobre sus bendiciones.

Herramienta práctica:

- Haz que los hijos creen una "lista de gratitud" semanal, donde escriban cosas por las que están agradecidos.

Familias que Aman, Hijos que Florecen:

4. Música Que Eleva el Espíritu: Alimentando el Alma con Alabanzas

La música tiene un impacto profundo en las emociones y el ambiente del hogar. La alabanza y la música cristiana no solo elevan el espíritu, sino que también inspiran esperanza y fe.

- **Beneficios de llenar el hogar con música:**
  - Cambia tensiones por tranquilidad.
  - Inspira a vivir con gratitud y alegría.
  - Fortalece el vínculo entre los miembros de la familia.

Ejemplo práctico:

- Organiza un "momento de alabanza" semanal donde canten juntos, ya sean acompañados por música o simplemente con sus voces.

Herramienta práctica:

- Crea una lista de reproducción familiar con canciones cristianas que les inspiren. Escúchenla mientras hacen tareas, cocinan o viajan.

5. Conversaciones Espirituales Naturales: Integrando la Fe en el Día a Día

Hablar de Dios no tiene que ser un sermón; puede ser tan sencillo como compartir pensamientos mientras se cocina,

Familias que Aman, Hijos que Florecen:

se hace una caminata o se contempla un atardecer. Estas conversaciones permiten que la fe se integre de manera auténtica en la vida cotidiana.

- **Beneficios de conversar sobre Dios naturalmente:**
  - Enseña que Dios está presente en cada aspecto de la vida.
  - Refuerza los valores eternos en el corazón de los hijos.
  - Fomenta un diálogo abierto y sincero sobre la fe.

Ejemplo práctico:

- Mientras viajan en coche o comparten tiempo juntos, menciona algo que Dios haya hecho en tu día y pregunta a tus hijos cómo han visto Su obra en sus vidas.

Herramienta práctica:

- Usa la naturaleza como punto de reflexión. Por ejemplo, mientras contemplan un paisaje, hablen de la grandeza de la creación de Dios y cómo esto refleja Su amor.

Transformando el Hogar en un Refugio Espiritual

Cuando estos hábitos espirituales se viven con intención y constancia, el hogar se transforma en mucho más que un lugar de convivencia. Se convierte en un espacio donde los corazones están alineados con Dios, donde las emociones

Familias que Aman, Hijos que Florecen:

encuentran paz, y donde las relaciones florecen. En este tipo de hogar:

- Los hijos aprenden a buscar a Dios en cada aspecto de sus vidas.

- Los lazos familiares se fortalecen en unidad y propósito.

- El impacto trasciende las paredes del hogar, influenciando la comunidad y las generaciones futuras.

Dejando un Legado Espiritual

Enseñar a los hijos a caminar con Dios no es solo una tarea; es un privilegio divino que moldea el presente y el futuro. Cuando el hogar se convierte en una escuela de fe y amor, los valores eternos se arraigan profundamente en cada corazón.

Este legado no solo impactará a tus hijos, sino también a todos aquellos que entren en contacto con ellos. **Haz hoy el compromiso de integrar estos hábitos en tu hogar y observa cómo la presencia de Dios transforma cada rincón, cada relación y cada alma.**

Que cada hábito espiritual sea una semilla de fe que florezca en tu hogar y en el corazón de tus hijos.

¿Y Si Mi Familia No Quiere Buscar a Dios?: Un Camino de Fe en Medio de la Dificultad

Familias que Aman, Hijos que Florecen:

En ocasiones, la realidad de un hogar que no comparte nuestra fe puede ser desalentadora. Anhelamos ver a nuestros seres queridos buscando a Dios, pero enfrentamos resistencia, indiferencia o incluso rechazo. Sin embargo, la historia nos muestra que Dios puede obrar en circunstancias donde parece no haber esperanza. **La transformación espiritual en el hogar puede comenzar con una sola persona: contigo.** Es un proceso que exige paciencia, amor y una fe inquebrantable en el poder de Dios para cambiar vidas.

El Poder de Ser una Lámpara Encendida

Cuando tu familia parece alejada de Dios, tú puedes ser esa lámpara encendida que ilumine su camino. Hechos 16:31 nos ofrece una promesa que sostiene: **"Cree en el Señor Jesucristo, y serás salvo, tú y tu casa."**

Este pasaje no solo habla de salvación personal, sino también de una visión de restauración para el hogar. Dios tiene la capacidad de utilizar tu fe y tus acciones para influir en tu familia, incluso si al principio no hay señales visibles de cambio. Es a través de tu testimonio y tu perseverancia que puedes ser un puente por el que Su gracia fluya hacia tu hogar.

Impacto en el hogar:

- Tus oraciones son semillas que Dios utiliza para transformar corazones.
- Tus actos de amor reflejan el carácter de Cristo de manera tangible.

Familias que Aman, Hijos que Florecen:

- Tu paciencia y perseverancia demuestran una fe activa que puede inspirar a otros.

Pequeños Actos de Fe Que Abren Puertas

Aunque no puedas controlar las decisiones de tu familia, tienes el poder de influir en el ambiente espiritual del hogar. Aquí hay herramientas prácticas para construir un espacio donde Dios pueda obrar:

1. Ora Aunque Seas el Único Que Lo Hace. La oración es un acto poderoso, no solo para ti, sino para aquellos que te rodean. Cada oración que elevas abre puertas en lo invisible, permitiendo que Dios actúe en los corazones de tu familia.

Ejemplo práctico: Dedica un tiempo fijo cada día para orar por tu familia. Ora por sus necesidades, por sus corazones y por oportunidades para mostrarles el amor de Dios.

Herramienta práctica: Crea un lugar en tu hogar dedicado a la oración, aunque sea un rincón pequeño. Coloca allí una Biblia abierta y una lista de peticiones familiares. Esto no solo te motivará, sino que también servirá como un testimonio visual para tu familia.

2. Modela el Amor de Cristo. El amor tiene un impacto profundo, especialmente en un hogar donde la fe no es compartida. Al mostrar el amor de Cristo de manera incondicional, estás demostrando que Su gracia y Su presencia son reales.

Familias que Aman, Hijos que Florecen:

Ejemplo práctico: Haz pequeños actos de servicio por tu familia, como ayudar sin que te lo pidan o dejarles mensajes de ánimo. Estos gestos reflejan un amor que no exige nada a cambio, pero que transforma.

Herramienta práctica: Haz una lista personal de formas en las que puedes mostrar amor a cada miembro de tu familia. Asegúrate de incluir actos específicos que se alineen con sus necesidades y personalidades.

3. Habla de Dios en Conversaciones Cotidianas
Hablar de Dios no tiene que ser algo formal o rígido. Las conversaciones naturales sobre Su presencia en tu vida pueden despertar curiosidad y abrir corazones.

Ejemplo práctico: Mientras compartes una actividad cotidiana, como cocinar o ver el atardecer, menciona algo que Dios hizo por ti recientemente. Por ejemplo: "Hoy sentí mucho agradecimiento porque Dios me ayudó a tener paciencia en una situación difícil."

Herramienta práctica: Ten un versículo bíblico favorito que puedas mencionar en momentos de reflexión familiar. Por ejemplo, Salmo 23:1: "Jehová es mi pastor; nada me faltará."

Dios Siempre Obra en lo Invisible

En los momentos en que parece que nadie en tu familia está dispuesto a buscar a Dios, recuerda que **Dios trabaja en lo invisible.** Él opera en lo profundo, tocando corazones y preparando el terreno para cambios que tú quizás no puedas ver de inmediato. La paciencia en este proceso es clave.

Familias que Aman, Hijos que Florecen:

Ejemplo práctico: Cuando sientas que tu esfuerzo no está teniendo impacto, detente y reflexiona sobre las promesas de Dios. Escríbelas en un papel y léelas en voz alta para recordarte que Su obra siempre está en marcha.

Cuando Dios Habita en un Hogar, Todo Cambia

La presencia de Dios no solo transforma las circunstancias visibles; también renueva los corazones, reorganiza prioridades y sana las heridas invisibles. Cuando permites que Él sea el centro, incluso en un hogar donde no todos comparten tu fe, Su influencia empieza a manifestarse.

Transformaciones que ocurren cuando Dios habita en un hogar:

1. **Sanidad emocional:** Las heridas del pasado comienzan a sanar bajo Su amor. Las palabras de reconciliación se hacen posibles, y los gestos de compasión se multiplican.

2. **Restauración de vínculos:** Dios une corazones fracturados y fortalece las relaciones dentro del hogar.

3. **Renovación del amor:** El amor se purifica, pasando de ser una emoción efímera a una decisión firme basada en el compromiso y la fe.

Ejemplo práctico: Dedica un espacio semanal para reflexionar sobre lo que Dios ha hecho en tu vida. Invita a tu familia, aunque solo sea para escuchar, y comparte cómo Su presencia ha traído paz y propósito a tu corazón.

Familias que Aman, Hijos que Florecen:

Cómo Perseverar Cuando Te Sientes Desanimado

Es natural sentirse frustrado cuando los cambios no llegan rápidamente, pero aquí hay herramientas para mantener la esperanza y la constancia:

1. **Encuentra consuelo en las promesas de la Biblia:** Los versículos como Isaías 40:31 y Hechos 16:31 son recordatorios de que Dios es fiel y que Su obra en tu familia no está limitada por el tiempo o las circunstancias.

2. **Busca apoyo espiritual:** Habla con líderes religiosos o amigos creyentes que puedan orar contigo y ofrecerte ánimo. A veces, compartir tus cargas con otros puede renovarte.

3. **Refleja Su gracia en cada interacción:** Incluso en momentos de tensión, responde con paciencia y amor. Esto no solo refleja Su carácter, sino que también establece un ejemplo para quienes te rodean.

No Estás Solo en Este Camino

Tu deseo de que tu familia busque a Dios no es en vano. **Tu fe puede ser el canal por el cual Su gracia fluya hacia cada miembro de tu hogar.** Aunque los cambios no sean inmediatos, confía en Su tiempo perfecto y en Su capacidad para transformar corazones.

Dios honra la fe y la perseverancia. Él ve tu esfuerzo, tus oraciones y tu deseo de que Su presencia transforme tu hogar. Continúa caminando con Él, incluso en medio de los desafíos. La luz que reflejas puede ser el comienzo de un

Familias que Aman, Hijos que Florecen:

despertar espiritual que cambie vidas y deje un legado eterno.

Haz hoy el compromiso de caminar con Dios, aunque seas el único en tu familia dispuesto a hacerlo. **Su presencia cambiará tu vida y tu hogar para siempre.**

Familias que Aman, Hijos que Florecen:

Capítulo 11: Acciones que Transforman

El hogar no es solo un lugar donde vivimos; es un espacio sagrado donde las historias de nuestras vidas se entrelazan, donde los valores se transmiten y donde la presencia de Dios tiene el poder de obrar milagros. Sin embargo, muchas veces, nuestras familias enfrentan desafíos que nos hacen olvidar el diseño divino del hogar como un refugio de amor, fe y propósito eterno. Es en estos momentos de lucha, caos o incluso rutina que necesitamos recordar una verdad fundamental: **las acciones intencionales, guiadas por la gracia de Dios, pueden transformar cualquier realidad familiar.**

La transformación espiritual y emocional de un hogar no ocurre de la noche a la mañana, pero comienza con pequeños pasos. Y estos pasos no requieren perfección ni circunstancias ideales; requieren corazones dispuestos. Como familias, estamos llamadas a vivir con propósito, a reflexionar el carácter de Dios en nuestras palabras, en nuestras decisiones y en los lazos que nos unen. **No se trata de tener el hogar perfecto, sino de caminar juntos hacia un lugar donde el amor y la gracia de Dios sean palpables.**

El Poder de Pequeños Retos. Esta sección final está diseñada como una invitación práctica, íntima y profundamente espiritual para dar los primeros pasos hacia la restauración y el crecimiento. A través de desafíos diarios, lecturas edificantes y recursos específicos, buscamos renovar la conexión con Dios y entre nosotros como familia. Cada acción, por más pequeña que parezca, tiene el

Familias que Aman, Hijos que Florecen:

potencial de desatar un impacto duradero en los corazones de cada miembro del hogar.

Las palabras de Elena G. de White en *El Hogar Cristiano* lo resumen de manera magistral: "**El verdadero propósito del hogar es ser un lugar donde reine la dulzura, la unidad y la paz, reflejando la presencia de Cristo.**"

Los 7 retos diarios propuestos no solo son actividades; son oportunidades para reenfocar nuestra atención en lo esencial, para encender conversaciones significativas y para invitar a Dios a ser el centro de todo lo que somos como familia.

Por Qué Las Acciones Son Clave Para La Transformación

La fe, cuando no se vive activamente, puede quedarse en teoría. Pero cuando se traduce en acciones concretas, comienza a permear cada rincón del hogar. Esto no significa que los retos que enfrentamos como familias desaparezcan instantáneamente, pero sí nos permite abordarlos desde un lugar de unidad y fortaleza espiritual. Santiago 2:17 lo enfatiza claramente: "**Así también la fe, si no tiene obras, es muerta en sí misma.**"

Cada acción —orar juntos, expresar gratitud, pedir perdón, leer la Palabra de Dios— es una piedra que construye un hogar más fuerte, más conectado y más alineado con el plan de Dios. Estas acciones son pequeños actos de obediencia que, como las semillas en una tierra fértil, producen frutos en su debido tiempo.

Familias que Aman, Hijos que Florecen:

El Propósito de Esta Sección

1. Renovar el compromiso espiritual como familia: La oración familiar, la lectura de la Biblia y los actos de gratitud no son solo rituales, son momentos para reconectar con Dios y con los demás en un nivel más profundo.

2. Sanar y fortalecer los lazos emocionales: A través de desafíos como pedir perdón, escribir cartas de gratitud y cenar sin distracciones, se abren espacios para curar heridas, expresar amor y fomentar una comunicación más significativa.

3. Vivir una fe práctica y vivencial: Más allá de las palabras, esta sección ofrece herramientas para que el amor y la fe se conviertan en experiencias vividas, creando un legado espiritual para las generaciones futuras.

Un Compromiso Transformador

Aceptar estos retos no es solo un paso hacia la mejora del hogar, es un acto de fe en el poder transformador de Dios. Es una invitación a recordar que, aunque nuestras fuerzas humanas sean limitadas, **el poder de Dios para sanar, restaurar y renovar no tiene límites.**

El Salmo 127:1 nos recuerda que, sin la guía divina, todos nuestros esfuerzos son insuficientes: **"Si Jehová no edificare la casa, en vano trabajan los que la edifican."** Cada desafío propuesto es una forma de invitar a Dios a ser el constructor principal de nuestros hogares.

Familias que Aman, Hijos que Florecen:

Acciones Que Transforman: Una Llamada a Actuar

7 Retos, 7 Días, Un Cambio Duradero: Los retos diarios incluidos en esta sección no son simples sugerencias; son herramientas diseñadas para empezar a transformar dinámicas familiares desde dentro. A través de pequeñas acciones —como orar juntos o compartir un momento sin distracciones—, podemos experimentar cómo la gracia de Dios se manifiesta en lo cotidiano.

Cada reto está acompañado por una intención clara:

1. **Orar juntos:** Fortalecer la unidad espiritual.
2. **Decir "te amo" mirando a los ojos:** Recordar el valor del amor verbalizado.
3. **Pedir perdón:** Sanar heridas y modelar humildad.
4. **Escribir una carta de gratitud:** Practicar la expresión de reconocimiento.
5. **Leer un Salmo o Proverbio:** Nutrirse de sabiduría y esperanza.
6. **Cenar sin pantallas:** Construir una comunicación más significativa.
7. **Realizar un acto de servicio:** Vivir el amor que enseña Cristo.

Familias que Aman, Hijos que Florecen:

Un Camino Espiritual Que Trasciende el Hogar

Esta sección no solo busca impactar los lazos dentro de la familia, sino que también aspira a sembrar un legado. A través de estos desafíos, el hogar no solo se transforma en un espacio donde reina el amor; también se convierte en un testimonio para el mundo, mostrando lo que puede suceder cuando las familias caminan de la mano con Dios.

Lecturas recomendadas: Las obras de Elena G. de White, como *El Hogar Cristiano* y *El Ministerio de Curación*, ofrecen un marco valioso para entender la importancia del hogar como un espacio sagrado donde la fe se cultiva activamente. Además, pasajes bíblicos como los Proverbios y Efesios 5 y 6 brindan orientación práctica sobre cómo construir un matrimonio y una crianza que reflejen el diseño divino.

Invita a Dios a Habitar en Tu Hogar

El hogar tiene el potencial de ser un reflejo del cielo en la tierra, pero eso solo es posible cuando permitimos que Dios lo habite plenamente. A través de estas acciones, puedes abrir las puertas de tu casa a Su presencia, dejando que Su amor, Su paz y Su propósito guíen cada decisión y cada momento compartido. **Este no es un llamado a la perfección, sino a la perseverancia.** No importa cuán frágil o fracturada pueda parecer tu familia; con Dios, todo puede ser restaurado.

Invita a tu familia a embarcarse en este camino de transformación. La fe, vivida activamente, puede cambiarlo todo.

Familias que Aman, Hijos que Florecen:

✘ 7 Retos para tu Familia (uno por día):

Los retos espirituales para la familia no son simples acciones, sino pasos profundos que construyen puentes hacia una mayor conexión con Dios y entre los miembros del hogar. Cada desafío es una oportunidad para sembrar semillas de amor, fe y unidad que darán frutos duraderos. A continuación, profundicemos aún más en cada uno de ellos para explorar su impacto transformador:

1. Orar juntos por primera vez o retomar la oración familiar

La oración familiar no es solo una práctica espiritual, es el corazón que late en el hogar, el lugar donde las preocupaciones, los sueños y las necesidades se entregan a Dios de manera conjunta. Al orar juntos por primera vez, estás iniciando un nuevo capítulo, permitiendo que Dios sea el centro de tus interacciones diarias. Si estás retomando la oración, estás reafirmando Su lugar en tu hogar. En este acto, las barreras entre los miembros se disuelven, fomentando confianza y unidad. La oración no tiene que ser extensa ni perfecta; puede ser un simple agradecimiento, una súplica breve o una reflexión compartida. Este momento se convierte en un espacio de conexión profunda con Dios y entre los miembros de la familia, recordando que en Él se encuentra fortaleza para cada desafío.

2. Decir "te amo" mirando a los ojos a cada miembro del hogar

La mirada tiene un poder que las palabras por sí solas no pueden alcanzar. Decir "te amo" mientras miras a los ojos es un acto de afirmación que comunica valor, aceptación y seguridad. Este gesto permite que cada miembro del hogar sienta el peso del amor de manera personal y única. No es un simple hábito, es un recordatorio tangible de que cada uno es importante y querido. En este acto, el amor se reafirma como el cimiento del hogar, y los corazones se conectan de una manera que supera las barreras del día a día. Es un momento de intimidad emocional que puede sanar heridas, fortalecer vínculos y llenar el ambiente con paz.

3. Pedir perdón sinceramente a tu pareja o hijo por algo que dolió

Pedir perdón requiere valentía y humildad, pero el impacto de este acto es profundo. Reconocer un error y expresar arrepentimiento sincero no solo libera al que lo da, sino que también abre espacio para la sanidad en las relaciones. Este reto enseña que la perfección no es lo que une a una familia, sino la gracia y la disposición a reconciliarse. Cuando pides perdón, estás modelando el carácter de Cristo, quien nos enseña la importancia del perdón como una herramienta para sanar. Este acto no solo restaura relaciones, sino que también construye un hogar donde la humildad y el amor prevalecen sobre el orgullo y el resentimiento.

4. Escribir una carta de gratitud a tu esposo, esposa o hijo

Una carta de gratitud es mucho más que palabras en papel; es un regalo que comunica amor, aprecio y reconocimiento. En este acto, tienes la oportunidad de reflexionar sobre las bendiciones que cada miembro de tu familia aporta a tu vida. Es una forma intencional de expresar cuánto valoras a quienes te rodean. Al escribir, el destinatario recibe más que un mensaje; recibe una prueba tangible de cuánto significa

Familias que Aman, Hijos que Florecen:

para ti. Las palabras de gratitud tienen el poder de fortalecer vínculos, inspirar amor y motivar a continuar en el camino del compromiso mutuo. Este hábito crea un ambiente donde el aprecio es la norma y donde cada miembro se siente valorado.

5. Leer juntos un Salmo o Proverbio y comentarlo

La lectura bíblica en familia no es solo un acto espiritual, es una oportunidad para profundizar en la Palabra de Dios y aplicarla a la vida diaria. Al leer juntos un Salmo o Proverbio, se abre un espacio de reflexión que conecta los corazones con el mensaje eterno de la Escritura. Comentar lo leído permite que cada miembro comparta sus perspectivas, enriqueciendo la experiencia con múltiples puntos de vista. Este acto fomenta la unidad espiritual, enseñando que la Biblia no es solo un texto, sino una guía para la vida práctica. La Palabra tiene el poder de renovar mentes, limpiar corazones y traer sabiduría a las decisiones diarias.

6. Cenar sin pantallas y con una conversación significativa

La hora de la cena puede ser uno de los momentos más poderosos del día para fortalecer la unidad familiar. Al eliminar las distracciones de las pantallas, se crea un ambiente donde la atención está completamente en los demás. Este reto fomenta conversaciones significativas, donde cada miembro del hogar tiene la oportunidad de expresar sus pensamientos, compartir historias y escuchar activamente a los demás. Este acto de conexión no solo fortalece los vínculos, sino que también enseña a valorar el tiempo juntos como familia. La cena sin pantallas se convierte en un espacio de intimidad y comunicación genuina que refuerza la cercanía emocional.

7. Elegir juntos una acción de servicio hacia otra familia

El servicio tiene el poder de transformar corazones. Al elegir juntos cómo ayudar a otra familia, se enseñan valores como la generosidad, la empatía y el amor en acción. Este reto une a la familia en un propósito común, creando recuerdos que refuerzan los lazos entre ellos y con Dios. La acción de servicio puede ser sencilla, como preparar una comida o escribir una carta, pero su impacto es profundo tanto para quienes reciben la ayuda como para quienes la ofrecen. Este acto refleja el corazón de Cristo, quien nos llamó a amar y servir a los demás. Al hacerlo juntos, la familia no solo crece espiritualmente, sino que también impacta su comunidad con el amor de Dios.

Cada uno de estos retos es un paso hacia un hogar más unido, más espiritual y más lleno del propósito divino. Al vivirlos con intención, estás construyendo una cultura familiar que honra a Dios, fomenta el amor mutuo y siembra semillas de fe que darán frutos eternos.

📖 Lecturas recomendadas (en familia):

Incorporar lecturas espirituales en el tiempo familiar no solo nutre el alma, sino que también transforma el hogar en un espacio donde los valores y principios eternos se hacen visibles y prácticos. Cada una de las obras recomendadas tiene el poder de fortalecer los vínculos familiares, guiar decisiones y acercar a los corazones hacia el propósito

Familias que Aman, Hijos que Florecen:

divino. Aquí profundizamos sobre cada una y exploramos su impacto:

El Hogar Cristiano – Elena G. de White

Este libro es una joya espiritual para cualquier familia que busca construir un hogar donde Dios sea el centro. Elena G. de White ofrece principios valiosos que abarcan desde el matrimonio hasta la crianza de los hijos, destacando la importancia de la unidad, la oración y el amor sacrificado. Leerlo juntos como familia puede ser una experiencia transformadora, ofreciendo reflexiones sobre cómo vivir según los ideales de Dios en cada etapa de la vida. Cada capítulo se convierte en una herramienta para edificar un hogar sólido y lleno de propósito.

El Ministerio de Curación – Elena G. de White

Una obra que trasciende el ámbito de la salud física y mental, ofreciendo principios que también sanan el hogar y las relaciones. Este libro explora temas como la paz en el espíritu, la bondad en las interacciones humanas y la fuerza del carácter en tiempos difíciles. En el contexto de la familia, puede ser leído y aplicado para fomentar un ambiente de sanidad espiritual y emocional. Compartir sus enseñanzas en discusiones familiares permite profundizar en cómo cada miembro puede contribuir a la armonía del hogar.

Los Proverbios – sabiduría práctica para el hogar

El libro de Proverbios es una fuente inagotable de sabiduría aplicable a la vida cotidiana. Desde enseñanzas sobre cómo hablar con gracia y prudencia, hasta consejos para administrar el hogar y las relaciones, este libro ofrece verdades eternas que son perfectas para ser exploradas

Familias que Aman, Hijos que Florecen:

como familia. Leer juntos pasajes como Proverbios 15:1, "La blanda respuesta quita la ira; Más la palabra áspera hace subir el furor," puede generar reflexiones profundas sobre cómo manejar las tensiones en el hogar. Es una guía práctica para vivir según los principios de Dios en el día a día.

Efesios 5 y 6 – guía sobre el matrimonio y la crianza cristiana

En estos capítulos, el apóstol Pablo describe el diseño divino para el matrimonio y la crianza. Efesios 5:25, "Maridos, amad a vuestras mujeres, así como Cristo amó a la iglesia, y se entregó a sí mismo por ella," y Efesios 6:4, "Y vosotros, padres, no provoquéis a ira a vuestros hijos, sino que criadlos en disciplina y amonestación del Señor," son pilares que guían la interacción familiar. Leer y reflexionar sobre estos capítulos en familia ofrece una base espiritual sólida para las relaciones. Además, facilita conversaciones significativas sobre cómo aplicar estos principios en el hogar.

Cómo estas lecturas pueden impactar tu familia

Dedicar tiempo a leer juntos no solo enriquece el conocimiento espiritual, sino que también fomenta la comunicación, la unidad y la comprensión mutua. Puedes establecer un momento semanal para compartir estas lecturas, seguido de una breve discusión donde cada miembro comparta sus pensamientos y aplicaciones prácticas. Estas lecturas invitan a ver el hogar como un espacio sagrado donde cada interacción refleja los valores divinos.

Familias que Aman, Hijos que Florecen:

🙏 Oración para el hogar (puedes leerla en voz alta cada día):

Invitar a Dios a habitar en el hogar no es solo un acto de fe, sino una declaración profunda de dependencia total en Su amor y guía. Este tipo de oración tiene el poder de transformar el ambiente familiar y de establecer un fundamento eterno para cada decisión, emoción y relación dentro del hogar. Vamos a profundizar más en el significado de cada línea de esta poderosa invitación:

"Señor, hoy te invitamos a habitar en nuestra casa."

Esta frase es una rendición, un acto consciente de abrir las puertas del hogar a Su presencia. Cuando se invita a Dios a habitar en el hogar, no es como un visitante temporal, sino como el corazón de cada interacción. Es reconocer que Su presencia es esencial para traer propósito, paz y dirección en el día a día. Es también un recordatorio de que Su gracia no solo transforma espacios, sino vidas.

"Sé el Rey de nuestras conversaciones, decisiones y emociones."

Hacer a Dios el Rey significa rendirle el control, permitiéndole guiar cada aspecto de la vida familiar. Las conversaciones se transforman en oportunidades para edificar, las decisiones se toman con sabiduría divina y las emociones, aunque humanas, son apaciguadas por Su paz. Este acto no es solo un deseo, sino un compromiso: reconocer que cada palabra, acción y sentimiento puede ser un reflejo de Su carácter cuando Él es el centro.

Familias que Aman, Hijos que Florecen:

"Enséñanos a amar como Tú amas, a perdonar como Tú perdonas."

El amor y el perdón son pilares de cualquier relación, pero en el hogar, tienen un impacto eterno. Este clamor es un llamado para que Dios nos ayude a amar con la profundidad, la paciencia y la gracia con que Él nos ama. Amar como Cristo amó es un desafío, pero con Su ayuda, se convierte en un estilo de vida que transforma tensiones en reconciliación y heridas, en oportunidades de redención. Del mismo modo, el perdón, aunque difícil, se convierte en un camino de libertad para todos los involucrados.

"Y a caminar juntos en la gracia que solo Tú puedes dar."

La gracia de Dios no solo nos salva, sino que también nos sostiene en cada paso del camino. Este ruego reconoce que la unidad familiar no se logra por nuestras propias fuerzas, sino caminando juntos bajo Su gracia. Es un recordatorio de que Su favor nos capacita para superar los retos cotidianos y mantener un espíritu de armonía y paz en el hogar.

"Hoy declaramos que este hogar es Tuyo."

Estas palabras son una declaración de entrega total. Reconocer que el hogar pertenece a Dios es darle el lugar de honor en cada rincón y momento de la familia. Es comprometerse a vivir de manera que cada habitación, cada decisión y cada relación reflejen Su gloria. Esta entrega transforma el hogar en un lugar santo, un espacio donde Su presencia habita constantemente.

"Y que en Ti, todo puede ser restaurado."

Familias que Aman, Hijos que Florecen:

La restauración es una promesa central del Evangelio. Este clamor refleja la fe en el poder de Dios para sanar lo roto, reconciliar lo distante y renovar lo desgastado. Es una declaración de esperanza, afirmando que, sin importar lo que haya pasado, Su amor tiene el poder de hacer nuevas todas las cosas. En Él, los corazones heridos encuentran sanidad, y las relaciones fracturadas se fortalecen bajo Su gracia.

"Amén."

Esta palabra es mucho más que un cierre; es una afirmación de fe, una manera de decir: "Así sea." Con este "amén," se sella un pacto con Dios, un compromiso de confiar en Su poder para habitar y transformar el hogar.

Cuando esta oración se hace con sinceridad, se abre un camino para que Dios obre de manera poderosa en la familia. Su presencia transforma el caos en orden, la discordia en paz y las heridas en testimonios. Este tipo de entrega diaria no solo fortalece el hogar, sino que también lo convierte en una luz que inspira a otros.

📎 Devocional

Un plan de devocionales familiares puede ser una herramienta transformadora para fortalecer la conexión espiritual del hogar. Dedicar unos minutos cada día a leer la Palabra, reflexionar juntos y orar como familia no solo fomenta la unidad, sino que también invita la presencia de Dios a habitar en cada rincón de la casa. Estos momentos se convierten en pilares sobre los cuales edificar la fe y la

Familias que Aman, Hijos que Florecen:

relación con Él, día tras día. Profundicemos en el impacto de este modelo y cómo puede transformar los corazones y las relaciones dentro de la familia:

Estructura diaria sugerida para un devocional en familia

1. Un texto bíblico: El fundamento del día

Cada día comienza con la Palabra de Dios, porque en ella encontramos sabiduría, consuelo y dirección. Un versículo enfocado en la vida familiar, las relaciones o la fe puede servir como ancla para reflexionar durante el día. Estos textos no son solo palabras en papel; son vida y guía eterna que transforma tanto el pensamiento como la acción. Por ejemplo, en el Día 1, el texto "En paz me acostaré, y asimismo dormiré; porque solo tú, Jehová, me haces vivir confiado" (Salmo 4:8) no solo asegura consuelo, sino también inspira confianza en la protección de Dios. Cada lectura diaria puede sembrar una semilla que florece en fortaleza y paz.

2. Una breve reflexión: Aplicando la Palabra al hogar

La reflexión es donde el texto se conecta con la vida cotidiana. En este espacio, cada miembro de la familia puede ver cómo la Palabra de Dios es relevante para sus circunstancias. Reflexiones como "Dios desea que el hogar sea un refugio de paz, no de temor" nos recuerdan que la fe no es solo para los grandes momentos de la vida, sino para moldear nuestro día a día. Estas líneas breves inspiran a aplicar los principios bíblicos a las emociones, decisiones y relaciones del hogar, guiándonos hacia una vida alineada con Su propósito.

Familias que Aman, Hijos que Florecen:

3. Una pregunta para conversar en familia: Uniendo corazones

Las preguntas permiten que la familia profundice en el significado del texto y lo relacione con sus propias experiencias. Preguntas como "¿Qué cosas me quitan la paz en casa?". Abren espacio para diálogos genuinos, permitiendo que cada miembro exprese sus pensamientos, preocupaciones y anhelos. Estas conversaciones no solo fortalecen los lazos familiares, sino que también fomentan una cultura de escucha y comprensión, enseñando que la fe se vive de manera práctica y comunitaria.

4. Una oración final: Cerrando el día en unidad

La oración no solo sella el devocional, sino que también une a la familia en propósito y dependencia de Dios. Oraciones como "Señor, haz de nuestro hogar un lugar donde reine tu paz". "Amén" invitan a la intervención divina en la vida diaria, recordando a cada miembro que no caminan solos. Este acto final reafirma el compromiso de la familia de buscar a Dios juntos y confiar en Su guía y provisión.

Impacto de los devocionales en 30 días

Un plan de devocionales para 30 días no solo establece una rutina espiritual, sino que también transforma el hogar en un lugar donde Dios habita activamente. Al comprometerse diariamente, la familia experimenta un crecimiento espiritual tangible, con corazones más unidos, relaciones más profundas y una fe más viva. Además, este tiempo dedicado a Dios fomenta hábitos que pueden durar toda la vida, convirtiendo el hogar en una "escuela del cielo" donde

Familias que Aman, Hijos que Florecen:

cada miembro aprende a amar, perdonar y vivir según Su Palabra.

Ejemplo Día 1 Revisitado:

- **Texto:** "En paz me acostaré, y asimismo dormiré; porque solo tú, Jehová, me haces vivir confiado." (Salmo 4:8)
- **Reflexión:** Dios no quiere que llevemos nuestras cargas solos. Él desea llenar nuestro hogar de Su paz, incluso en medio de los desafíos.
- **Pregunta:** ¿Qué podemos hacer como familia para que la paz de Dios gobierne en nuestro hogar?
- **Oración:** Señor, haz de nuestro hogar un lugar donde reine tu paz y tu amor. Que nuestros corazones descansen en ti cada día. Amén.

🎯 Plan de Metas Familiares

Definir metas familiares no solo organiza prioridades, sino que también crea una hoja de ruta que guía al hogar hacia un propósito compartido y eterno. Cada área del plan tiene un impacto profundo y duradero, pero al profundizar en cada una de ellas, se revela cómo estos objetivos pueden transformar las dinámicas del hogar, reforzar los lazos y convertir a la familia en un reflejo vivo del amor y la misión de Dios. Exploremos cada área en mayor detalle:

1. Área Espiritual: Cultivar una relación firme con Dios

Familias que Aman, Hijos que Florecen:

El aspecto espiritual del hogar es el cimiento sobre el cual se construyen todas las demás áreas de la vida familiar. Metas como orar juntos diariamente durante 30 días, no solo invitan la presencia de Dios al hogar, sino que también refuerzan el hábito de buscarlo como la fuente de dirección, paz y fortaleza. Este objetivo permite que cada miembro aprenda a expresar sus preocupaciones, anhelos y gratitudes ante Dios, desarrollando una relación personal y comunitaria con Él.

Impacto a largo plazo:

- La oración diaria enseña a los hijos la importancia de depender de Dios en cada aspecto de la vida, ayudándoles a desarrollar confianza en Su provisión y sabiduría.

- Fomenta un sentido de unidad espiritual en la familia, ya que compartir tiempo en oración fortalece los lazos y promueve la empatía al escuchar las necesidades de los demás.

- Establece el hogar como un lugar donde la paz de Dios reina, incluso en tiempos de desafíos.

Cómo enriquecerlo: Puedes añadir momentos específicos de alabanza o lectura bíblica breve durante la oración. Incluso incluir un tiempo donde cada miembro comparta algo, por lo cual esté agradecido en ese día ayuda a sembrar gratitud y contentamiento.

2. Área Relacional: Fortalecer los vínculos interpersonales

Familias que Aman, Hijos que Florecen:

El hogar es el primer lugar donde se experimentan y se aprenden relaciones significativas. Metas como establecer cenas semanales sin pantallas ofrecen un espacio intencional para la comunicación profunda y la conexión emocional. En un mundo dominado por las distracciones tecnológicas, este momento se convierte en un oasis de calma y atención plena.

Impacto a largo plazo:

- Fomenta un sentido de pertenencia, ya que cada miembro del hogar siente que su voz es escuchada y valorada.

- Reduce tensiones, ya que las conversaciones abiertas permiten resolver conflictos en un entorno seguro y amoroso.

- Refuerza los valores familiares al discutir sueños, metas y experiencias de vida.

Cómo enriquecerlo: Añade dinámicas durante la cena para estimular el diálogo. Por ejemplo, cada semana, un miembro de la familia puede proponer un tema para discutir, compartir historias inspiradoras, o simplemente hacer preguntas que promuevan risas y cercanía.

3. Área Social/Servicio: Amar y servir a los demás

Un hogar que sirve es un hogar que refleja el amor de Dios hacia el prójimo. Metas como visitar a una familia necesitada una vez al mes no solo enseñan generosidad, sino que también recuerdan que la familia tiene un propósito que va más allá de sí misma. Estas acciones unen

Familias que Aman, Hijos que Florecen:

a la familia en un objetivo común mientras muestran el Evangelio en acción.

Impacto a largo plazo:

- Enseña a los hijos el valor de ayudar a otros y la importancia de ser luz en la comunidad.

- Fortalece el sentido de misión familiar, inspirando a todos a vivir de una manera que marque una diferencia positiva.

- Cultiva humildad y gratitud, ya que el acto de servir nos recuerda las bendiciones que tenemos.

Cómo enriquecerlo: Puedes alternar las formas de servicio. Un mes pueden preparar alimentos para una familia, y al siguiente, organizar una actividad comunitaria como limpieza de parques o colectas de ropa. Además, anota las experiencias y testimonios en un "Diario de Servicio Familiar," donde cada miembro pueda reflexionar sobre cómo Dios obró a través de sus acciones.

Compromiso Familiar: Un pacto de unidad y responsabilidad compartida.

La firma de un compromiso familiar no solo marca el inicio de una nueva etapa, sino que también simboliza el deseo de trabajar juntos hacia un propósito claro. Este acto de escribir y firmar un compromiso fortalece la responsabilidad individual y colectiva, ayudando a que cada miembro del hogar se sienta parte activa del plan.

Familias que Aman, Hijos que Florecen:

Impacto a largo plazo:

- Refuerza la unidad, recordando que cada miembro tiene un rol importante en el cumplimiento de las metas.
- Aumenta la motivación, ya que el compromiso firmado es un recordatorio visual del pacto hecho como familia.
- Sirve como punto de reflexión para evaluar los progresos y celebrar las victorias.

Cómo enriquecerlo: Decora el compromiso como un proyecto artístico familiar. Incluye un espacio para escribir versículos bíblicos inspiradores o metas específicas y colócalo en un lugar visible como la sala o el comedor. Además, establece momentos regulares para revisar el progreso y ajustar las metas según las necesidades y desafíos del hogar.

Conclusión

Un Plan de Metas Familiares transforma el hogar en un espacio donde las prioridades están alineadas con los principios de Dios, las relaciones se fortalecen y la misión de servir y amar trasciende las paredes de la casa. Al incluir metas claras en estas tres áreas clave, la familia no solo crecerá espiritualmente, sino también relacional y socialmente, reflejando el propósito eterno para el cual fue diseñada.

Familias que Aman, Hijos que Florecen:

💌 Carta para Padres Solteros

Querido padre o madre soltera

Quiero dirigirme a ti con palabras de ánimo y admiración. Sé que tu camino no siempre es fácil. Quizá sientes que estás cargando el peso de dos roles, enfrentando desafíos que otros no alcanzan a comprender, y preguntándote si tus esfuerzos son realmente valorados. Pero quiero recordarte algo poderoso: Dios sí lo ve. Cada sacrificio que haces, cada oración pronunciada en secreto, cada lágrima derramada y cada momento dedicado a tus hijos es precioso para Él.

Dios conoce tu corazón y camina contigo en cada paso. Él no solo te observa desde lejos; Él está contigo, brindándote fuerza cuando las energías parecen agotarse. Como nos asegura Su Palabra en Salmo 91:1: *"El que habita al abrigo del Altísimo morará bajo la sombra del Omnipotente."* En Su sombra hay refugio, protección y descanso. Dios nunca te deja solo, incluso en los días más difíciles. Él es tu fortaleza y tu guía.

Tu fidelidad diaria, aunque a veces parezca pequeña o insuficiente, está plantando semillas eternas en el corazón de tus hijos. Cada acto de amor, cada palabra de ánimo y cada sacrificio está formando un legado que trascenderá generaciones. Tus hijos están aprendiendo de ti el valor de la resiliencia, la fe y el amor incondicional. Aunque quizás no puedan expresar cuánto te admiran en este momento, crecerán con la certeza de que han sido amados con un amor que refleja el carácter de Dios.

Quiero recordarte también que no estás criando solo. El Padre celestial está contigo, llenando los vacíos,

Familias que Aman, Hijos que Florecen:

fortaleciendo tus manos y guiando tus pasos. Cuando sientas que no es suficiente, confía en que Su gracia es capaz de completar lo que no puedes hacer por tus propios medios. Él está obrando en tu vida y en la vida de tus hijos, incluso en lo invisible. Aunque los frutos de tu esfuerzo quizás no sean inmediatos, recuerda que la cosecha llegará, en Su tiempo perfecto.

Por favor, no te rindas. Continúa sembrando amor, fe y esperanza en tu hogar, sabiendo que Dios está contigo en cada paso del camino. Tu labor no solo tiene un impacto en el presente, sino también en el futuro de tus hijos y en el plan eterno que Dios tiene para ellos.

Con profundo respeto y admiración,

El autor

Anexo 4: Carta a un Hijo Rebelde

Hijo amado,

Quiero que estas palabras sean un recordatorio eterno de cuánto te amo y de cómo mi corazón siempre estará contigo, no importa lo que pase. Sé que la vida puede ser complicada, que a veces las decisiones nos llevan por caminos difíciles y que puedes sentir que te alejas de mí... pero quiero que recuerdes esto: mi amor por ti no cambia. Nunca lo hará.

No importa cuánto grites, cuánto niegues o cuánto trates de distanciarte, yo estoy aquí. Siempre estaré aquí. Mi corazón sigue creyendo en ti, en la persona maravillosa que eres y

Familias que Aman, Hijos que Florecen:

en el propósito que Dios soñó para tu vida. A pesar de cualquier distancia, mi amor por ti es inquebrantable, porque no depende de lo que hagas o dejes de hacer; simplemente es, porque eres mi hijo y siempre serás parte de mí.

Sé que a veces mis límites te pueden parecer difíciles de entender, pero quiero que sepas que cada uno de ellos nace del amor. No son para limitarte, sino para protegerte y guiarte hacia el bien. Mi deseo siempre ha sido lo mejor para ti, aunque a veces no lo puedas ver de esa manera.

Quiero recordarte algo esencial: **tú no eres el error que cometiste.** Tu valor no está definido por tus caídas, sino por quién eres: un ser creado por Dios con un propósito único y especial. En ti hay un potencial que trasciende cualquier obstáculo, un destino que no se detiene por los desafíos del presente. Aunque tropieces, siempre habrá un camino hacia la redención, y yo estaré a tu lado, caminándolo contigo.

Mientras tenga vida, no dejaré de orar por ti. Cada día, cada momento, clamaré a Dios por tu bienestar, por tu paz y por tu futuro. Mi fe en ti es reflejo de mi fe en Él, quien tiene el poder de restaurar, transformar y guiar. Mi amor por ti es eterno, porque no solo proviene de mi corazón, sino también del amor perfecto de Dios, quien nunca te dejará.

Con todo el amor que mi alma puede expresar,
Tu padre/madre 💟

📖 Compromiso Personal

Contrato de Gratitud y Compromiso Personal

Familias que Aman, Hijos que Florecen:

Agradecimientos:
- **A Dios:** Por Su infinita gracia, por sostenerme en los momentos más difíciles, por no dejarme rendir cuando las fuerzas faltaban, y por ser mi constante refugio y guía.
- **A mi familia:** Por enseñarme a amar no solo con palabras, sino también con acciones. Por mostrarme el significado del perdón, la paciencia y la verdadera unidad.
- **A cada lector:** Por abrir su corazón a esta travesía, por aceptar estas palabras como un reflejo de su propio viaje y por compartir conmigo el deseo de crecer y restaurar lo que es valioso.

Mi compromiso personal:

Hoy, con humildad y determinación:

- Decido amar más allá de las diferencias y obstáculos.
- Decido perdonar de todo corazón, reconociendo que el perdón libera y sana.
- Decido escuchar con paciencia, prestando atención a los corazones que me rodean.
- Decido luchar por mi hogar, confiando en que el esfuerzo no es en vano. Con Dios, como mi guía, creo firmemente que todo puede ser restaurado, incluso lo que parece perdido.

Firma:_____

Fecha: _____

Familias que Aman, Hijos que Florecen:

Este contrato no es solo un documento; es un pacto entre mi fe, mi corazón y las bendiciones que Dios ha depositado en mi vida. Al firmarlo, reafirmo mi compromiso de caminar con amor, esperanza y propósito.

Familias que Aman, Hijos que Florecen:

Conoce al Autor

La Dra. Mariangeli Morauske es una figura distinguida cuya carrera multifacética abarca la academia, el liderazgo y la orientación espiritual. Con una profunda dedicación a la educación y al servicio, ha hecho contribuciones significativas en varios roles, incluyendo profesora, directora, decana, académica y capellán.

Como profesora, la Dra. Morauske ha inspirado a innumerables estudiantes con su pasión por el conocimiento y su compromiso con la excelencia. Sus innovadores métodos de enseñanza y su profundo conocimiento de su campo le han valido el respeto y la admiración tanto de colegas como de estudiantes.

Más allá de sus logros académicos, la Dra. Morauske se desempeña como capellán, brindando apoyo espiritual y orientación a los necesitados. Su enfoque compasivo y su fe inquebrantable han tocado la vida de muchos, ofreciendo consuelo y esperanza en tiempos de dificultad.

La vida personal del Dr. Morauske es igualmente rica y satisfactoria. Es una esposa devota de su esposo, Daniel Morauske, y una madre amorosa de sus dos hijos. Su hija, Leilani, es enfermera registrada y educadora clínica y trabaja en un hospital de la reserva indígena Navajo en Arizona. Su hijo, Josiah, es un especialista en tecnología de la información que actualmente trabaja en Fort Worth, Texas. Equilibrando sus responsabilidades profesionales con sus compromisos familiares, la capacidad de la Dra.

Familias que Aman, Hijos que Florecen:

Morauske para nutrir y apoyar a sus seres queridos es un testimonio de su notable fuerza y carácter.

El Dr. Morauske tiene una maestría en Psicología de Consejería de la Universidad Nacional, una maestría en Ministerio Pastoral de la Universidad Andrews y un doctorado en Medicina. Su diversa formación académica subraya su compromiso con el bienestar físico, mental y espiritual.

Su viaje de vida la ha llevado por todo el mundo, habiendo vivido en Israel, Puerto Rico, Venezuela, Colombia, México y actualmente reside en Alvarado, Texas. Estas experiencias han enriquecido su perspectiva y profundizado su comprensión de diferentes culturas y comunidades. Por encima de todo, la Dra. Morauske se ve a sí misma como una sierva de Dios, dedicada a vivir una vida de propósito y fe. Su viaje es un testimonio del poder, de la dedicación, el amor y el servicio, y continúa inspirando a quienes la rodean con su compromiso inquebrantable de tener un impacto positivo en el mundo.

Familias que Aman, Hijos que Florecen:

Mis Notas

Familias que Aman, Hijos que Florecen:

Mis Notas

Familias que Aman, Hijos que Florecen:

Mis Notas

Familias que Aman, Hijos que Florecen:

Mis Notas

Familias que Aman, Hijos que Florecen:

Mis Notas

Familias que Aman, Hijos que Florecen:

Mis Notas

Familias que Aman, Hijos que Florecen:

Mis Notas

Familias que Aman, Hijos que Florecen:

Mis Notas

Familias que Aman, Hijos que Florecen:

Bibliografía

Chapman, G. *Los cinco lenguajes del amor en la familia*. Editorial Unilit, 2016.

Chapman, G. *Los cinco lenguajes del amor*. Editorial Unilit, 2009.

Covey, S.R. Los siete hábitos de las familias altamente efectivas. Editorial Paidós, 2000.

Goleman, D. *Inteligencia emocional*. Editorial Kairós, 1995.

Gottman, J. & Silver, N. *Siete reglas de oro para vivir en pareja*. Editorial Diana, 1999.

Keller, T. *El significado del matrimonio*. Editorial Andamio, 2013.

Keller, T. *La oración: Experimentando asombro e intimidad con Dios*. Editorial Andamio, 2014.

Keller, T. *The Meaning of Marriage*. Penguin Books, 2011.

La Santa Biblia, pasajes: Proverbios, Salmo 127, Efesios 5 y 6.

Siegel, D.J., & Bryson, T.P. *Disciplina sin lágrimas: una guía imprescindible para orientar y alimentar el desarrollo mental de tu hijo*. HarperCollins Español, 2016.

Tripp, P.D. *Parenting: Gospel Principles That Can Radically Change Your Family*. Crossway, 2016.

White, E.G., *El hogar cristiano*. Publicaciones Interamericanas, 1952.

White, E.G., *El ministerio de curación*. Pacific Press Publishing Association, 1905.

Familias que Aman, Hijos que Florecen:

White, E.G. La Educación. Pacific Press Publishing Association, 1903.

Wright, H. Norman. *Reflexiones sobre el consuelo de Dios.* Editorial Portavoz, 2011.

Valenzuela, A. (2004). *El método que no falla: la disciplina de los hijos.* [Libro fuera de producción].

Valenzuela, A. (2008). *Transforma tus hijos con el método de disciplina que no falla.* [Libro fuera de producción].

Valenzuela, A. (2010). *Transforma tu familia a través de la renovación del entendimiento.* [Libro fuera de producción].

www.ingramcontent.com/pod-product-compliance
Lightning Source LLC
Chambersburg PA
CBHW070334230426
43663CB00011B/2308